Silberschnüre für Anfänger

Lebenskraft-Verbindungen und Magie-Wirkungen

Kontakt: www.HarryEilenstein.de
Harry.Eilenstein@web.de
Harry Eilenstein bei youtube

Impressum: Copyright: 2011 by Harry Eilenstein – Alle Rechte, insbesondere auch das der Übersetzung, vorbehalten. Kein Teil des Buches darf ohne schriftliche Genehmigung des Autors und des Verlages (nicht als Fotokopie, Mikrofilm, auf elektronischen Datenträgern oder im Internet) reproduziert, übersetzt, gespeichert oder verbreitet werden.

Herstellung und Verlag: BoD – Books on Demand, Norderstedt

ISBN: 9783754396728

Inhaltsverzeichnis

I Silberschnüre   **5**

II Ein silbernes Netz   **7**

III Die Vielfalt der Silberschnüre   **10**

    1. Wahrnehmung und Herstellung   10

    2. Silberschnüre im Körper   16
       a) Akupunktur-Meridiane   *16*
       b) Sushumna, Ida und Pingala *17*
       c) Die Psyche   *17*

    3. Silberschnüre zwischen dem Körper und dem Außen   18
       a) Das Aufnehmen von Lebenskraft   *18*
       b) Aufladen und Prägen   *18*
       c) Die Übung der Mittleren Säule   *19*
       d) Das Kundalini-Ritual   *21*
       e) Segnungen   *23*
       f) Aurareinigungen   *23*
       g) Schwitzhütten   *25*
       h) Gruppen-Rituale   *25*
       i) Lebenskraft-Vampire   *26*
       j) Kampfmagie   *27*
       k) Bewußtseinsübertragungen   *27*
       l) Die erweiterte Herz-Meditation *28*
       m) Sushumna, Ida und Pingala in der Magie *29*
       n) Silberschnüre in der Schwarzen Magie   *30*
       o) Verwandlungen   *30*
       p) Das Auge des Tigers   *31*

4. Silberschnüre im Außen   32
    a) Schutzkreis   *32*
    b) Mandalas   *32*
    c) Die Pfade auf dem Lebensbaum   *33*
    d) Weihungen   *34*
    e) Die Kleine Kundalini und die Große Kundalini   *34*
    f) Das Kollektive Unterbewußtsein   *34*
    g) Die Sonne   *36*
    h) Leylines   *37*
    i) Feng Shui   *38*
    j) Synchrone Silberschnüre in Gruppenrituale   *38*
    k) Komplexe Strukturen in Gruppenritualen   *39*
    l) Silberschnüre in Romanen   *39*

5. Silberschnüre in Analogien   41
    a) Magie   *41*
    b) Astrologie   *42*
    c) Homöopathie   *43*

6. Silberschnüre in der Zeit   44
    a) Magie   *44*
    b) Homöopathie   *45*
    c) Reinkarnation   *46*
    d) Astrologie   *47*

IV Die Nutzung der Silberschnüre   48

Bücher-Verzeichnis   50

I Silberschnüre

„Silberschnur" ist ein Begriff, der sich vor allem in der englischen Literatur als „silver cord" findet. Mit ihm wird vor allem die aus Lebenskraft bestehende Verbindung zwischen dem physischen Körper und dem Astralkörper, d.h. dem Lebenskraftkörper bezeichnet. Diese Silberschnur wird von manchen Menschen gesehen, die mit ihrem Astralkörper ihren physischen Leib verlassen haben.

Diese Silberschnur führt meistens vom Sonnengeflecht des physischen Leibes zum Sonnengeflecht des Astralkörpers – in einigen Berichten bzw. Darstellungen verbindet sie jedoch auch das Scheitelchakra des physischen Körpers mit dem Scheitelchakra des Astralkörpers.

Im Zusammenhang mit der Silberschnur wird oft die Auffassung vertreten, daß man stirbt, wenn diese Silberschnur zerreißt. So wird z.B. in der CD „A Passion Play" der Band Jethro Tull der Tod von Christus mit „the silver cord lies on the ground" umschrieben, also mit „die Silberschnur liegt auf der Erde" – d.h. sie ist beim Tod zerrissen.

Die Silberschnüre werden als Schnüre aus einer milchigweiß leuchtenden Substanz mit einem leichten Blauschimmer beschrieben. Manchmal wird diese Substanz auch als „Nebel" (Europa) oder als „Rauch" (Indianer) umschrieben. Die Bezeichnung als „Silberschnur" suggeriert zumindest auch einen gewissen (silbernen) Glanz dieser Substanz, mit dem vermutlich ihr Leuchten gemeint ist.

Um das Wesen der Silberschnur zu verstehen, ist es erforderlich, das Wesen der Lebenskraft zu verstehen – schließlich besteht die Silberschnur aus Lebenskraft.

Die einfachste und am besten funktionierende Definition der Lebenskraft ist ihre Auffassung als „die optische Wahrnehmung der Vorgänge an dem Übergang zwischen Bewußtsein und Materie".

Das Bewußtsein befindet sich im Astralkörper und nicht im physischen Körper – was man natürlich nur dann bemerkt, wenn man mit seinem Astralkörper seinen physischen Körper verlassen hat, sich also auf einer Astralreise befindet. Die Silberschnur zwischen dem Astralkörper und dem physischen Körper verbindet also das Bewußtsein (im Astralkörper) mit dem Körper (Materie).

Nach der hier vorgeschlagenen Definition ist eine Silberschnur eine Verbindung an der Grenze zwischen Bewußtsein und Materie.

Das klingt zunächst einmal etwas abstrakt, aber es wird greifbarer, wenn man die beiden grundlegenden Vorgänge betrachtet, die in dem Bereich der Lebenskraft möglich sind: Telepathie und Telekinese, d.h. die direkte Wahrnehmung durch das Bewußtsein und die direkte Handlung durch das Bewußtsein. Die Lebenskraft besteht letztlich aus telepathischen und telekinetischen Zusammenhängen – und ist somit die Grundlage der Magie.

Die Silberschnüre sind daher schlicht telepathisch-telekinetische Verbindungen. Wie alles im Bereich der Lebenskraft, können sie bewußt oder unbewußt sein.

Da die Silberschnüre telepathische oder telekinetische Zusammenhänge im Bewußtsein optisch darstellen, sind die Silberschnüre keine ganz real existierenden Schnüre, sondern eben die optische Darstellung eines magischen Zusammenhanges. Jeder Inhalt im Bewußtseins braucht eine Form, um erfaßt werden zu können …

Aus diesen Überlegungen ergibt sich, daß es solche Silberschnüre nicht nur zwischen dem Körper und dem Astralkörper gibt, sondern daß solche Silberschnüre an vielen Stellen zu finden sind – überall dort, wo es Telepathie oder Telekinese gibt oder allgemeiner, wo es einen magischen Zusammenhang gibt. Vermutlich können auch Analogie-Zusammenhänge wie z.B. zwischen dem Planetenstand im Horoskop eines Menschen und seinem Charakter als Silberschnüre dargestellt und gesehen werden.

Eine Silberschnur ist somit ein Zusammenhang im Bereich der Magie und vermutlich auch in allen der Magie verwandten Bereichen wie der Astrologie, der Homöopathie, der Akupunktur usw.

Die Silberschnur zwischen dem physischen Körper und dem Astralkörper ist die einfachste Form einer Silberschnur: Der physische Körper und der Astralkörper sind die materielle Seite und die Bewußtseinsseite desselben Menschen.

Die Telepathie und die Telekinese verbinden das Bewußtsein eines Menschen hingegen mit einem anderen Menschen bzw. mit einem anderen Gegenstand, der dann wahrgenommen bzw. beeinflußt wird.

Die Silberschnüre sind somit der dynamische Aspekt der Lebenskraft: Verbindungen, Wahrnehmungen und Beeinflussungen. Der statische Aspekt der Lebenskraft wäre die Bewußtseinsseite der Menschen, Tiere, Pflanzen und Gegenstände – also ihr Astralkörper mit den Chakren als deren innerer Struktur.

Um in der Magie effektiv wahrnehmen und handeln zu können, sollte eine eingehende Betrachtung der Silberschnüre, also der Lebenskraft-Verbindungen zwischen den Menschen und Dingen hilfreich sein. Die Silberschnüre erscheinen daher auch an entsprechend vielen Stellen in der Magie – auch wenn sie oft nicht so genannt werden.

Man kann natürlich auch effektiv Magie ausüben ohne sich jemals um die Silberschnüre gekümmert zu haben: Die Silberschnüre sind ein inneres Bild für einen magischen Zusammenhang – und sind als solches zwar zum einen nützlich, aber zum anderen natürlich nicht unverzichtbar. Innere Bilder sind nur Hilfsmittel – aber durchaus oft sehr nützliche Hilfsmittel …

II Ein silbernes Netz

Die wichtigste und bekannteste Silberschnur ist, wie bereits gesagt, die Verbindung zwischen Astralkörper und physischem Körper, die man als eine milchigweiß-leuchtende Schnur innerlich optisch wahrnehmen kann.

Man kann auch jede Form der Telepathie oder der Telekinese als eine solche Lebenskraft-Schnur, d.h. als eine magische Verbindung ansehen bzw. diese Verbindung in der Magie als eine solche Silberschnur imaginieren – was auch sehr weit verbreitet ist.

Derartige Silberschnüre bestehen daher auch zwischen Mutter und Kind: Die meisten Mütter spüren „instinktiv", d.h. telepathisch, wenn mit ihrem Kind etwas nicht stimmt, und gehen zu ihm und schauen nach ihm.

Solche Verbindungen gibt es auch zwischen Geschwistern und besonders ausgeprägt zwischen Zwillingen.

Auch in Beziehungen bilden sich solche Silberschnüre, d.h. Lebenskraft-Verbindungen heraus – insbesondere durch die Sexualität. Durch eine Heirat wird eine solche Beziehungs-Silberschnur noch einmal verfestigt.

Es gibt auch Silberschnüre, die nicht von allen Beteiligten freiwillig erschaffen worden sind. Diese Form findet sich z.B. in Arbeitsgemeinschaften, in Abhängigkeiten, in Hierarchien und ähnlichen Konstellationen von Menschen.

In der Regel sind diese Silberschnüre unbewußt – ihre telepathische Wirkung wird manchmal geahnt, aber gesehen werden diese Lebenskraft-Verbindungen nur in den seltensten Fällen.

Allerdings gibt es durchaus bekannte Vorstellungen über die Entstehung von solchen Silberschnüren wie den bösen Blick oder die Herstellung von Voodoo-Püppchen. Durch den bösen Blick wird eine Verbindung zwischen einer „Hexe" und einem Opfer hergestellt; durch das Ritual wird eine Verbindung zwischen dem Voodoo-Püppchen und der Person, die durch dieses Püppchen dargestellt wird, erschaffen.

Wie das Sprichwort „wie der Herr, so's Gescherr" zeigt, besteht auch eine prägende telepathische Verbindung zwischen Menschen und Tieren – die natürlich in der Regel nicht als Silberschnur angesehen wird.

Die Entsprechung im Pflanzenreich wäre der berühmte „Grüne Daumen", der die Fähigkeit eines Menschen beschreibt, eine wirkungsvolle Lebenskraft-Schnur zu einer Pflanze herstellen zu können.

Das Heimatgefühl ist schließlich möglicherweise eine telepathische Verbindung zu einem Ort.

Wenn man die große Vielfalt dieser Silberschnüre bedenkt, entsteht das Bild eines „silbernen Netzes", eines komplexen Gespinstes aus Lebenskraft-Schnüren. Dieses

„Silbernetz" erscheint in den Mythen der nordamerikanischen Indianer (insbesondere bei den Dakotas) als das Netz, das von dem Spinnenmann Iktomi gesponnen wird. In Westafrika ist der Spinnenmann Ananse dafür zuständig. In Indien wird dieses Gespinst manchmal als „Maya" bezeichnet – obwohl dieser Begriff vor allem die Bedeutung von „Illusion" hat.

Dieses die ganze Erde umfassende Netz aus Silberschnüren, also dieses Gespinst aus magisch wirksamen Lebenskraft-Verbindungen ist organisch gegliedert:

- Die grundlegenden Einheiten sind die Lebenskraft-Verbindungen innerhalb eines Menschen, eines Tieres oder einer Pflanze (zwischen dem physischen Körper und dem Astralkörper). Mit diesem Bereich befassen sich u.a. die Psychologie und die Meditation.

- Dann folgen als nächstgrößere Einheiten die Silberschnüre zwischen Mutter und Kind sowie innerhalb einer Paar-Beziehung und innerhalb einer Familie. Auch dieser Bereich fällt noch in die Zuständigkeit der Psychologie, aber auch der Magie.

- Die nächste, wieder etwas umfassendere Einheit ist die Sippe – evtl. einschließlich der Haustiere. Hier ist die Soziologie tätig, aber der direkteste Einblick in diesen Bereich des Silberschnur-Geflechtes entsteht bei systemischen Familienaufstellungen.

- Eine große Zahl von Sippen bilden ein Volk, d.h. eine große Gruppe von Menschen mit gleicher Kultur, ähnlichen Wertvorstellungen, gleicher Vorgeschichte und meistens auch nah beieinander liegenden Wohnorten. Dies ist vor allem der Bereich der Politik.

- Die nächstgrößere Einheit ist die Menschheit als Ganzes.

- Schließlich folgt noch die Gemeinschaft aller Lebewesen auf der Erde sowie die Erde selber.

- Es ist anzunehmen, daß diese Verbindungen noch weiter reichen und sich auch auf das Sonnensystem und unsere Galaxie und schließlich auf das ganze Weltall erstrecken, aber in diesem Bereich sind nur noch ganz grundlegende Gemeinsamkeiten und Zusammenhänge zu finden.

Dieses komplexe Gebilde aus Lebenskraft-Verbindungen, also aus Silberschnüren, bildet das, was seit C. G. Jung meistens das „kollektive Unterbewußtsein" genannt wird und das die Dakota-Indianer ein wenig bildhafter und poetischer das „Netz des Spinnenmannes Iktomi" bezeichnen.

Dieses alle Wesen auf der Erde umfassende Silberschnur-Netz ist organisch durch die eben genannten Einheiten gegliedert.

Dieses Silberschnur-Netz ist in diesem Buch bisher nur recht abstrakt und sehr allgemein beschrieben worden – das Bild des Silberschnur-Netzes diente vor allem der Veranschaulichung der Bedeutung der Vielzahl von Lebenskraft-Verbindungen, die in der Form von manchmal bewußten, aber meistens unbewußten Verbindungen in Form von Telepathie und Telekinese, d.h. als magisch wirksame Zusammenhänge, existieren.

Die verschiedenen Formen von Lebenskraft-Verbindungen, die man als Silberschnüre wahrnehmen kann, werden in dem folgenden Kapitel genauer betrachtet.

III Die Vielfalt der Silberschnüre

Lebenskraft-Verbindungen, also magisch wirksame Silberschnüre gibt es in den verschiedensten Bereichen. Um sie anschaulich ordnen zu können, kann man sie in mehrere Bereiche gliedern:

- im eigenen Körper,
- zwischen dem Körper und dem Außen,
- im Außen,
- in Analogien,
- in der Zeit.

Schließlich gibt es natürlich noch die Frage, auf welche Weise man bewußt auf all diese Verbindungen einwirken kann. Dies wird in dem ersten Abschnitt dieses Kapitels betrachtet und ergänzend bei spezielleren Fällen auch in den späteren Abschnitten dieses Kapitels bei den betreffenden Silberschnur-Beispielen.

Generell fällt die Nutzung einer Silberschnur bzw. eines Teiles des Silberschnur-Netzes in den Bereich der Magie. Man kann natürlich Magie betreiben ohne auch nur ein einziges mal eine Silberschnur gesehen zu haben oder eine solche Silberschnur bewußt in der Magie verwendet zu haben. Andererseits gibt es viele Beispiele für Techniken und Rituale, in denen solche Silberschnüre verwendet werden und ausgesprochen hilfreich sind.

Letztlich ist es wie bei vielen Dingen eine Frage des Stiles, ob man in seiner Magie Silberschnüre verwendet oder nicht. Man kann sich statt auf die Silberschnüre, also auf die Verbindungen zwischen den Dingen, auch auf die Dinge selber, die man beeinflussen will, konzentrieren – oder auch einfach nur den eigenen, in ein Bild gefaßten Willen aussenden.

Die Verwendung von Silberschnüren ist in der Magie somit nicht unverzichtbar, aber sie können, wie gesagt, recht nützlich sein.

Generell ist es hilfreich, zum einen viele Möglichkeiten zu kennen, und zum anderen, diese vielen Möglichkeiten jeweils einigermaßen gründlich zu durchdenken und zu schauen, welches Bild sich aus ihnen ergibt. Das ist dann eine recht solide Grundlage für die Entscheidung, auf welche Weise man vorgehen will. Dies gilt wie für alle Dinge auch für die bewußte Verwendung von Silberschnüren.

III 1. Wahrnehmung und Herstellung

Die Wahrnehmung der Silberschnüre wird „Hellsehen" genannt – weil man etwas „Helles", d.h. die milchigweiß leuchtende Lebenskraft sieht.

Wenn man solche Silberschnüre auf einer Traumreise wahrnimmt, wird allgemein schlicht von „sehen" statt von „hellsehen" gesprochen. Dieses Leuchten der Lebenskraft hat auch zu dem Motiv der „Bettlaken-Gespenster" geführt, also zu der Darstellung von Totengeistern (Astralkörper von Toten) als weißlich leuchtendes Schemen.

Die Lebenskraft ist jedoch keine leuchtende Substanz, sondern sie erscheint nur als solche, weil „Leuchten" im Bereich der optischen Wahrnehmung die einfachste Form der Betonung ist. Im Bewußtsein erscheint eine Verbindung zwischen zwei Dingen als „Schnur", weil die Wahrnehmungen des Menschen zu 80% optische Wahrnehmungen sind, und weil eine Linie die einfachste optische Form einer Verbindung ist.

Man kann fünf Arten der Wahrnehmungen unterscheiden. Sie entsprechen den fünf Sephiroth auf der „Mittleren Säule" in der Kabbala, die die Grundlage für die „Übung der Mittleren Säule" ist. Man kann diese fünf Arten der Wahrnehmung jedoch auch ohne diesen Bezug zu der Mittleren Säule verstehen.

Diese fünf Arten der Wahrnehmung sind:

Die fünf Arten der Wahrnehmung		
Bereich	*Sephirah*	*Wahrnehmung*
Einheit (Gott)	Kether	gleißend weißes Licht
Gottheiten	Da'ath	Konturen im Licht
Seele	Tiphareth	von innen her leuchtende, farbige, meist unbewegte Standbilder
Lebenskraft	Yesod	mehr oder weniger deutliche Schemen in verschiedener Helligkeit, meist farblos in verschieden hellen Grautönen, manchmal leicht koloriert, es gibt ein allgemeines Leuchten, daß jeden Ort „sichtbar" macht
Außen	Malkuth	durch die Augen direktes oder reflektiertes Licht wahrnehmen

Das allgemeine Leuchten, daß man im Bereich der Lebenskraft sieht, entsteht vermutlich einfach dadurch, daß man alle Dinge, auf die man die innere Aufmerksamkeit in Träumen, auf Traumreise oder beim Hellsehen richtet, direkt durch das Bewußtsein wahrnimmt, und daß man diesen Kontakt des eigenen Bewußtseins zu den Dingen in optische Eindrücke übersetzt. Dabei sind die Dinge umso heller, je intensiver der (telepathische) Kontakt zu diesen Dingen ist.

Die Bezeichnung „Lebenskraft" für die zweite Ebene von unten ist ein wenig ungenau, da die unterste Ebene Materie ist, die oberste Ebene Bewußtsein und die drei Ebenen dazwischen verschiedene Organisationsformen der Lebenskraft sind.

Die Eigenschaften der Lebenskraft, d.h. die Größe der Formen, in der sich die Lebenskraft auf diesen drei mittleren Ebenen organisiert, sind:

Die drei Ebenen der Lebenskraft			
Bereich		*Sephirah*	*Organisationsform*
Innen: Bewußtsein	Einheit (Gott)	Kether	Einheit
Übergang: Lebenskraft	Gottheiten	Da'ath	In der oberen Ebene finden sich sozusagen das „Meer der Lebenskraft", das in allem fließt. Dies ist der Ort, an dem man die Gottheiten findet.
	Seele	Tiphareth	In der mittleren Ebene findet sich die Lebenskraft als die Essenz der Dinge, also beim Menschen als die Seele.
	Lebenskraft	Yesod	In der untersten Ebene findet sich die Lebenskraft als nebelhafte Substanz in allen Dingen. Dies ist auch der Bereich, in dem man die Silberschnüre wahrnimmt.
Außen: Materie	Außen	Malkuth	Vielheit

Es gibt an den vier Übergängen zwischen den fünf Bereichen noch weitere markante Phänomene bei der Wahrnehmung der Lebenskraft, die jedoch für das Verständnis der Silberschnüre ohne Bedeutung sind.

Am auffälligsten ist der Übergang zwischen der unstrukturierten Lebenskraft und den Seelen – dort finden sich Wahrnehmungen, die von innen her leuchten, die extrem scharfe Konturen haben und die sich ständig in einem langsamen Fluß von

Bildern verwandeln.

- - -

Die Herstellung von Silberschnüren geschieht vor allem durch ihre Imagination, d.h. dadurch, daß man sie sich intensiv optisch vorstellt. Dies hat in China zu dem Motiv des Drachen, der einer Wunschperle folgt, geführt: Der Drache ist die Lebenskraft und die Wunschperle ist der Wille bzw. die Imagination.

In der Regel gehen die Silberschnüre vom Sonnengeflecht aus und werden auch in der Magie meistens als vom Sonnengeflecht ausgehend imaginiert. Das ergibt sich aus der Funktion des Sonnengeflechts, das u.a. für die Koordination des Flusses der Lebenskraft im Körper zuständig ist.

Die Imagination der Silberschnüre geschieht oft zusammen mit Worten, die diese Silberschnüre bzw. die Vorgänge in ihnen (den Fluß der Lebenskraft) beschreiben. Weiterhin werden diese Imaginationen oft an den Rhythmus des Atems gekoppelt. Im Yoga gibt es in diesem Zusammenhang eine sehr differenzierte „Atem-Wissenschaft", die „Pranayama" genannt wird.

Auch die Beschreibung der Silberschnur, die man gerade imaginiert, mit Worten ist ein beliebtes Hilfsmittel bei der Herstellung einer solchen Lebenskraft-Verbindung.

- - -

Das Sonnengeflecht ist eines der sieben Hauptchakren. Man kann die Chakren am einfachsten als die Organe des Lebenskraftkörpers auffassen. Sie sind symmetrisch um das Herzchakra herum, das die Identität enthält, angeordnet. Aus ihm entstehen nach oben und nach unten hin jeweils drei Chakren, wobei beide Chakra-Reihen nacheinander von innen nach außen hin die Qualitäten „Impuls/Gefühl/Traum", „Form/Denken/Wachen" und „Kontakt/Wahrnehmung/Ekstase" enthalten. Das Herzchakra entspricht dem Tiefschlafbewußtsein.

13

Die Chakren							
Chakra	*Lage*	*Funktion*	*Bewußtsein*	*Symmetrie*			
Scheitel-chakra	auf dem Kopf	<u>Kontakt</u>: geistiger Kontakt	Ekstase				
Drittes Auge	zwischen den Augenbrauen	<u>Form</u>: Orientierung in der Welt	Wachen				
Hals-chakra	in der Mitte des Halses	<u>Impuls</u>: sozialer Selbstausdruck, äußere Koordination	Träumen (Unterbewußt-sein)				
Herz-chakra	in der Mitte der Brust	<u>Identität</u>: Seele	Tiefschlaf				
Sonnen-geflecht	zwischen Rippen und Nabel	<u>Impuls</u>: körperlicher Selbstausdruck, innere Koordination	Träumen (Unterbewußt-sein)				
Hara	vier Finger-breit unter dem Nabel	<u>Form</u>: innerer Halt, Standfestigkeit	Wachen				
Wurzel-chakra	zwischen Ge-nitalien und After	<u>Kontakt</u>: körperlicher Kontakt	Ekstase				

Das Sonnengeflecht lenkt nicht nur den Lebenskraftfluß im Lebenskraftkörper selber, sondern auch den Austausch von Lebenskraft zwischen dem Körper und der Umwelt.

Es gibt auch Lebenskraft-Verbindungen, die von anderen Chakren wie dem Wurzelchakra, dem Scheitelchakra, den Handchakren und den Fußchakren ausgehen, aber das sind speziellere Vorgänge. Im Allgemeinen gehen alle Silberschnüre von dem Sonnengeflecht aus.

Die Darstellung der Silberschnur zwischen Astralkörper und physischem Körper, die die beiden Scheitelchakren von Astralkörper und physischem Körper verbindet, ist vermutlich dadurch entstanden, daß manche Menschen mit ihrem Astralkörper ihren physischen Körper verlassen, indem sie nach oben hin aus ihm „herausrutschen".

Es gibt jedoch auch andere Formen des Astralkörper-Austritts: den Sprung nach draußen, ein nach oben Schweben aus dem auf dem Rücken liegenden Körper heraus und in einigen Fällen auch eine Art „spontaner Austritt" während der Meditation, des Wanderns, des Spielens als Kind auf dem Fußboden, wobei die jeweilige Tätigkeit nicht unterbrochen wird. Bei dieser letztgenannten Möglichkeit tritt das Bewußtsein in gewisser Weise gar nicht aus, sondern weitet sich so, daß es an zwei Orten gleichzeitig ist – z.B. in dem physischen Körper, der einen Weg entlanggeht, und in dem Astralkörper, der den materiellen Körper dabei von oben her betrachtet.

Für die Untersuchung der Silberschnüre ist dabei vor allem wichtig, daß die Lebenskraft-Verbindungen, die als Silberschnur gesehen werden können, real existieren und oft magisch wirksam sind, aber daß die Wahrnehmung dieser Verbindungen in optischer Weise als eine milchigweiß leuchtende Schnur die Übersetzung dieser Verbindung in ein optisches Bild ist.

Es ziehen sich also keine milchigweiß leuchtenden Schnüre durch die Welt, die für die Menschen im Alltag in der Regel unsichtbar sind – aber die Wahrnehmung dieser Silberschnüre und ihre Imagination kann vor allem in der Magie ausgesprochen hilfreich und wirksam sein.

III 2.   Silberschnüre im Körper

Es gibt auch innerhalb des Körpers Silberschnüre, d.h. Lebenskraft-Verbindungen, in denen Informationen und Impulse von einem Teil des Körpers zu einem anderen fließen. Diese „internen Silberschnüre" sind in gewisser Weise die Lebenskraft-Entsprechungen zu den Nerven im phyischen Körper.

II 2. a)   Akupunktur-Meridiane

Das differenzierteste System dieser Lebenskraft-Flüsse im Körper sind die 12 Akupunktur-Meridiane, die sich symmetrisch auf der linken und auf der rechten Seite des Körpers befinden – es sind also 12 Paare von Meridiane, d.h. insgesamt 24 Meridiane.

Diese Meridiane verbinden die Akupunktur-Punkte, die in der Akupunktur und in der Akupressur benutzt werden. Manchmal kann man diese Meridiane in der Meditation, bei Atemübungen oder auf Traumreisen auch direkt als Lichtlinien oder als Hitzelinien im eigenen Körper wahrnehmen.

Die Wahrnehmung einer Silberschnur als Hitzelinie ist die Übersetzung einer Lebenskraft-Verbindung in Bilder der Temperaturwahrnehmung. Diese Art der Übersetzung findet sich z.B. auch bei der Kundalini, deren Aufsteigen als Hitze erlebt wird. Bei Entspannungsübungen, bei der Hypnose und bei den Vorbereitungen zu einer Astralreise kann man diese Hitze im ganzen Körper wahrnehmen.

Eine dritte Form der Übersetzung ist die in die Bilder des Tastsinnes: Man kann die Lebenskraft auch als inneres Vibrieren wahrnehmen, wobei diese Schwingung in der Regel eine Frequenz von ca. 6Hz hat.

Insbesondere in vollständiger Dunkelheit z.B. in einer Höhle kann man manchmal auch eine Art Tastsinn in sich entdecken, mit dem man auch Dinge „ertasten" kann, die noch 5m entfernt sind. Vermutlich wird dabei eine Silberschnur vom Körper ausgesandt, die dann die Lebenskraft in den Dingen in der Umgebung berührt.

Die vollständige Darstellung einer Lebenskraft-Verbindung in alle drei bekannten Formen ihrer Übersetzung in die „Einheiten" der physischen Sinnesorgane gleichzeitig wäre somit eine milchigweiße Lichtschnur, die Hitze ausstrahlt und mit ca. 6Hz vibriert.

II 2. b)   Sushumna, Ida und Pingala

Drei weitere Silberschnüre sind Sushumna, Ida und Pingala. Dies sind die drei Lebenskraftkanäle, die die sieben Hauptchakren verbinden und die im Yoga eine große Rolle spielen. Die Sushumna verläuft gerade und senkrecht durch die sieben Chakren, während sich Ida und Pingala wie zwei Schlangen von unten nach oben winden und sich dabei an jedem Chakra kreuzen und die Seiten wechseln (links bzw. rechts von der Sushumna).

Diese drei Lebenskraftkanäle spielen im Kundalini-Yoga eine große Rolle, da die Kundalini die Lebenskraft ist, die in diesen Kanälen emporsteigt. Die Darstellung der Kundalini als einer Schlange ist lediglich ein anderes Bild als die Silberschnur für diese Lebenskraft-Verbindung zwischen den Chakren.

II 2. c)   Die Psyche

Vermutlich entspricht allen Gefühle, Gedanken, Wahrnehmungen und motorischen Impulsen auch eine Bewegung in der Lebenskraft. All diese Regungen sollten somit auch Silberschnüre sein, die zwei Dinge im Körper bzw. in der Psyche verbinden. Diese Vorgänge und vor allem ihre Wahrnehmung als Silberschnur bleibt jedoch weitgehend unbewußt, d.h. daß man diese Vorgänge in der Regel nicht als Silberschnüre wahrnimmt. Zudem sollten diese Silberschnüre recht kurzlebig sein, da sie nur einer einzelnen psychischen Regung entsprechen.

Diese vielen kleinen und größeren Lebenskraft-Vorgänge und somit Silberschnüre bleiben unbewußt, weil es die Aufgabe des Wachbewußtseins ist, die Informationen zu koordinieren, die für die bewußten Entscheidungen in der augenblicklichen Lage von Bedeutung sind. Alle anderen Informationen bleiben im Unterbewußtsein bzw. werden automatisch/reflexhaft verarbeitet. So wäre es z.B. ausgesprochen unpraktisch, wenn man beim Gehen stets jeden einzelnen Muskel in den Beinen und im Rücken bewußt steuern müßte.

Die bewußte Wahrnehmung der Lebenskraft und somit auch der Silberschnüre als der Lebenskraft-Verbindungen muß in den meisten Fällen erst gelernt werden. Die dadurch entstehende Möglichkeit der bewußten Wahrnehmung der Lebenskraft und der bewußten Einflußnahme auf sie ermöglicht dem Betreffenden dann das Ausüben von Magie.

Man könnte einen Magier bzw. eine Hexe auch „Silberschnur-Gestalter" nennen.

III 3.   Silberschnüre zwischen dem Körper und dem Außen

Es gibt eine große Vielfalt von Silberschnüren, die von dem Körper nach außen hin zu Menschen und Dingen führen. Sie machen einen Großteil des Handwerkzeugs in der Magie aus.

III 3. a)   Das Aufnehmen von Lebenskraft

Eine einfache Methode, um sich mit Lebenskraft aufzuladen, ist es, sich draußen an einen abgelegenen Ort zu stellen, seine Arme dem Mond oder der Sonne entgegenzustrecken, die Hände so zu halten, daß die Handflächen zum Mond bzw. zur Sonne weisen und dann das Mondlicht bzw. das Sonnenlicht „durch die Hände zu trinken" und dabei „in diesem Licht zu baden". Dabei hilft es, wenn man sich vorstellt, daß von dem Mond bzw. von der Sonne ein Licht/Lebenskraft-Strahl auf die eigenen Handflächen fällt und in sie hinein „fließt". Man kann dieses „Licht-Trinken" noch dadurch unterstützen, daß man ein „a" singt, summt, intoniert, vibriert, also klangvoll in der eigenen Stimme und im eigenen Körper schwingen läßt.

Dasselbe funktioniert auch mit den Planeten oder mit den Fixsternen, aber die Wirkung scheint bei ihnen deutlich schwächer zu sein.

Auch das barfüßige Laufen auf einer Wiese oder auf dem Waldboden kann einen ähnlichen Effekt haben – in diesem Fall ist dies das Aufnehmen der Erd-Lebenskraft.

Der Lichtstrahl, der von dem Mond oder der Sonne in die Handchakren „fließt", ist auch ein Lebenskraft-Strahl und somit eine Silberschnur, in der der Fluß der Lebenskraft von der Sonne bzw. vom Mond zum Menschen hin gerichtet ist.

III 3. b)   Aufladen und Prägen

Beim Mesmerismus, der auch „animalischer Magnetismus" genannt wird, sowie bei einigen ähnlichen Methoden wie z.B. dem Reiki, beeinflußt ein Mensch einen anderen mithilfe der Lebenskraft in seinen Händen. Dabei streicht der Aktive mit seinen Händen mit ca. einer Handbreit Abstand nach bestimmten Regeln über den Körper des Passiven.

Durch das Streichen von den Füßen und den Händen zum Scheitel hin wird der Behandelte wach, beweglich und energiegeladen – durch die umgekehrte Richtung beim Streichen mit den Händen wird er müde und unbeweglich.

Dabei ist die Verbindung zwischen der Lebenskraft in den Händen des Mesmerisierenden und der Lebenskraft in dem Körper des Mesmerisierten insbesondere für den Aktiven deutlich als leicht prickelnde Hitze zu spüren. Diese Verbindung wird allerdings normalerweise nicht als Silberschnur imaginiert, auch wenn man die Lebenskraft dabei manchmal als einen leuchtenden Nebel sieht und spürt.

Dieses Verfahren ähnelt sehr stark dem „Handauflegen" beim Segnen – nur daß die Hände beim Mesmerismus den Körper nicht berühren und zudem bewegt werden.

Mesmer hat dieses Anregen der Lebenskraft zu Heilungszwecken benutzt und damit erstaunliche Erfolge gehabt.

Auch in der frühen Homöopathie ging der Einnahme der homöopathischen Kügelchen eine Stärkung der Lebenskraft des Kranken durch Mesmerismus voraus. Das Prinzip der Heilung bestand zu Zeiten von Hahnemann (1755-1843) und Mesmer (1734-1815) ursprünglich aus 1. der Stärkung des Lebenskraftkörpers des Kranken (Mesmerismus) und 2. aus der Prägung des Lebenskraftkörpers des Kranken (Homöopathie).

Ähnliche Ansätze finden sich auch schon früher bei Paracelsus (1493-1541) und auch in der Heilkunst der Germanen.

III 3. c)   Die Übung der Mittleren Säule

Die „Übung der Mittleren Säule" ist ein „meditatives Ritual", das von dem kabbalistischen Lebensbaum abgeleitet worden ist. Es besteht im Wesentlichen daraus, daß das Licht von Gott von oben her in den eigenen Körper geleitet wird. Man kann dieses Ritual also als eine Selbst-Segnung bezeichnen.

Durch dieses Ritual entsteht eine Silberschnur, die von dem über einem selber imaginierten Gott (Einheit, Ursprung, Quelle) zum Scheitelchakra herab und weiter durch den Körper bis zu den eigenen Füßen reicht.

Diese Lichtschnur ist genau das, worauf sich das Wort „Religion" bezieht, das wörtlich übersetzt „Rück-Verbindung" bedeutet. In derselben Weise haben auch die Germanen ihre Götter als „bönd", d.h. „Band" im Sinne von „mit denen man verbunden ist" bezeichnet. Diese Silberschnur ist sozusagen die Nabelschnur zu den Göttern.

Die „Übung der Mittleren Säule" stammt von dem Orden „Golden Dawn" und wird wie folgt durchgeführt:

A) Kabbalistisches Kreuz

1. die linke Hand über den Kopf emporstrecken und „**Ateh**" (= „Du bist") sprechen

2. mit der linken Hand nach unten zeigen (das ergibt den senkrechten Kreuz-Balken) und „**Malkuth**" (= „das Reich") sprechen

3. mit der linken Hand die rechte Schulter berühren und „**ve Geburah**" (= „und die Kraft) sprechen

4. mit der linken Hand die linke Schulter berühren und „**ve Gedulah**" (= „und die Herrlichkeit") sprechen (das ergibt den waagerechten Kreuz-Balken)

5. die Hände vor der Brust (vor dem Kreuzungspunkt der beiden Balken) falten und „**le Ohlam, Amen**" (= „in Ewigkeit, Amen.") sprechen

B) Die Mittlere Säule

1. a) Über dem Kopf wird eine weiße Licht-Kugel imaginiert.
b) In sie wird der hebräische Gottesname „**Eheieh**" gesungen (intoniert, vibriert).
c) Diese Kugel entspricht der Sphäre Kether auf dem kabbalistischen Le-bensbaum.
d) Sie ist die Einheit.

2. a) Im Halsbereich wird eine regenbogenfarbene Licht-Kugel imaginiert.
b) In sie wird der hebräische Gottesname „**Yod-He-Vau-He Elohim**" gesungen.
c) Diese Kugel entspricht der Sphäre Da'ath auf dem kabbalistischen Lebensbaum.
d) Sie ist der Bereich der Götter.

3. a) Im Brustbereich wird eine goldene Licht-Kugel imaginiert.
b) In sie wird der hebräische Gottesname „**Yod-He-Vau-He Eloah va-Da'ath**" gesungen.

c) Diese Kugel entspricht der Sphäre Tiphareth auf dem kabbalistischen Lebensbaum.

d) Sie ist der Bereich der Seelen.

4. a) Im Hüftbereich wird eine violette Licht-Kugel imaginiert.

b) In sie wird der hebräische Gottesname „**Shaddai el-Chai**" gesungen.

c) Diese Kugel entspricht der Sphäre Yesod auf dem kabbalistischen Lebensbaum.

d) Sie ist der Bereich der Psyche.

5. a) Unter den Füßen wird eine braune Licht-Kugel imaginiert.

b) In sie wird der hebräische Gottesname „**Adonai ha-Aretz**" gesungen.

c) Diese Kugel entspricht der Sphäre Malkuth auf dem kabbalistischen Lebensbaum.

d) Sie ist der Bereich der Materie.

<u>C) Kabbalistisches Kreuz</u> (wie Punkt „A")

Bei diesem Ritual wird in fünf Schritten ein Lichtstrahl imaginiert, der von oben nach unten durch den eigenen Körper verläuft. Er entspricht den Pfaden auf der Mittleren Säule auf dem kabbalistischen Lebensbaum und auch der Sushumna. Er ist die zentrale Silberschnur im Lebenskraftkörper des Menschen.

III 3. d)   Das Kundalini-Ritual

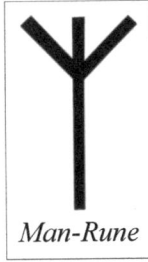

Man-Rune

Ich habe nach einem Ritual gesucht, das in derselben Weise wie die „Übung der Mittleren Säule" eine Silberschnur erschafft – jedoch nicht nach oben hin, sondern nach unten hin zur Erde. Da ich jedoch kein passendes Ritual gefunden habe, habe ich selber eins entworfen und dafür die Rune „Man" als Grundlage verwendet.

Die fett gedruckten Namen in dem folgenden Ritual sind Namen von Runen, die einen Bezug zu dem ehemaligen germanischen Sonnengott-Göttervater Tyr haben.

Dies Ritual sieht wie folgt aus:

A) Runen-Weltenbaum

1. aufrecht stehen, mit dem ausgestreckten Arm mit der rechten Hand zur Erde (Malkuth, Erdgöttin, Kundalini) weisen und „**Ear**" (= Erdgöttin; Wiedergeburts-Mutter des Tyr) singen (vibrieren, intonieren)

2. mit der rechten Hand bis über den Kopf gehen und „**Tyr**" (= der Sonnengott-Göttervater Tyr) singen (das ergibt den senkrechten Strich der Man-Rune)

3. mit der rechten Hand das Herzchakra (auf dem senkrechten Strich der Man-Rune) berühren, dann die Hand mit dem imaginierten goldenen, strahlenden Sonnenschwert des Tyr seitlich nach rechts emporheben (wie den rechten „Ast" der Man-Rune) und „**Thorn**" (= Dorn, Schwert) singen, den Arm nach oben rechts ausgestreckt lassen

4. mit der linken Hand das Herzchakra (auf dem senkrechten Strich der Man-Rune) berühren, dann die Hand mit dem imaginierten goldenen, strahlenden Sonnenschild des Tyr seitlich nach links emporheben (wie den linken „Ast" der Man-Rune) und „**Sol**" (= Sonne, runder Schild) singen

5. beide Hände auf das Herzchakra legen und „**Man**" (= Mensch) singen

B) Emporrufen der Kundalini

1. unter den Füßen Malkuth als braune Kugel imaginieren (Erde, Erdgöttin, Kundalini-Feuer) und „**Adonai ha-Aretz**" singen

2. um die Genitalien Yesod als violette Kugel imaginieren (Lebenskraft, Kundalini) und „**Schaddai el-Chai**" singen

3. um das Herzchakra Tiphareth als goldene Kugel imaginieren (Seele) und „Yod-He-Vau-He Eloha va-Da'ath" singen

4. am Scheitel Da'ath als regenbogenfarbene Kugel imaginieren (Götter, der abgrenzungslose Bereich) und „**Yod-He-Vau-He**

Elohim" singen

5. über dem Kopf Kether als weiße Kugel (Gott, Sonne, Schwarzes Loch in der Mitte der Galaxie, Einheit, Ursprung) imaginieren und „**Eheieh**" singen

C) Runen-Weltenbaum (wie Punkt „A")

Die „Übung der Mittleren Säule" entspricht in dem kabbalistischen Lebensbaum dem „Blitzstrahl der Schöpfung" – das „Kundalini-Ritual" entspricht auf dem kabbalistischen Lebensbaum der „Schlange der Weisheit".

III 3. e) Segnungen

Eine Segnung ist im Grunde einfach die Herstellung einer Silberschnur von einer Gottheit zu einem Menschen bzw. zu einem Tier oder einer Sache. Daher beginnt eine Segnung damit, daß der Segnende sich mit der betreffenden Gottheit verbindet und sie evtl. invoziert, d.h. sich mit ihr identifiziert. Dann sendet er Lebenskraft von der Gottheit zu dem betreffenden Menschen, Tier oder Gegenstand.

Durch die so erschaffene Verbindung zu der Gottheit erhält der oder das Gesegnete ein wenig von den Eigenschaften der betreffenden Gottheit. Eine Segnung ist somit „praktisch angewandte Religion", also die Herstellung einer „re-ligio", d.h. einer „Rück-Verbindung" zu einer Gottheit.

III 3. f) Aurareinigungen

Die Verbindungen zwischen zwei Menschen erscheinen im Bereich der Lebenskraft, also dann, wenn man sie bewußt wahrnimmt, als Silberschnur, die von dem Sonnengeflecht des einen Menschen zu dem Sonnengeflecht des anderen Menschen verläuft.

In den meisten Fällen sind diese Silberschnüre durchaus erwünscht, weil sie z.B. einer Mutter ermöglichen, sofort zu spüren, wenn ihr Kind in Gefahr gerät. Es gibt jedoch auch Fälle, in denen eine solche Silberschnur z.B. eine Abhängigkeit oder eine Dominanz enthält. Manchmal will man auch einfach die Verbindung zu einem anderen Menschen auflösen, was insbesondere nach dem Ende einer Beziehung häufig vorkommt.

Um eine solche Silberschnur aufzulösen, gibt es ein einfaches, aber wirksames Ritual:

1. Man klärt, ob in der vorliegenden Situation die Trennung der Verbindung tatsächlich das ist, was man will.

2. Man nimmt die Verbindung als Silberschnur von dem eigenen Sonnengeflecht zu dem Sonnengeflecht des anderen wahr oder imaginiert diese Verbindung als eine solche Silberschnur.

3. Man hält die Silberschnur imaginativ mit der linken Hand (bei Rechtshändern) kurz vor dem eigenen Sonnengeflecht und durchtrennt diese Silberschnur mit einem Messer oder Schwert, das man in der rechten Hand hält, zwischen der linken Hand und dem eigenen Sonnengeflecht.

4. Dann bringt man imaginativ das Ende der Silberschnur, das man in der linken Hand hält, in die Erde zu Mutter Erde und übergibt es ihr, damit sie sich darum kümmert. Die Erde erhält also die Silberschnur, die zu der anderen Person führt.
   Dies ist notwendig, damit die Silberschnur nicht wieder bei einem selber oder bei jemand anderem andockt – außerdem wird der andere durch dieses Vorgehen mit Lebenskraft von Mutter Erde versorgt, was im Idealfall dessen Sucht o.ä. ein wenig reduzieren kann.

5. Man schützt die Stelle am eigenen Sonnengeflecht, an der man die Silberschnur abgeschnitten hat, indem man auf sie mit Drachenblut (rotes Harz vom Drachenbaum) ein Pentagramm malt, indem man mit Weihwasser ein Kreuz zeichnet, mit Räucherstäbchen-Asche eine achtarmiges Kreuz (Symbol aus dem Buddhismus und aus dem Wicca) o.ä. malt. Dafür sollte man ein Symbol wählen, das zu der eigenen Weltanschauung paßt.

Auf diese Weise kann eine Silberschnur durchtrennt werden. Dieses Ritual kann natürlich nicht nur für Verbindungen zu anderen Menschen, sondern auch für alle Arten von Verbindungen zu Tieren, Pflanzen, Orten, Gemeinschaften, Gottheiten usw. verwendet werden – obwohl die Durchtrennung der Verbindung zu einem anderen Menschen der Regelfall sein wird.
Man kann dieses Ritual auch zu zweit durchführen, wobei dann der zweite die Handlungen am ersten durchführt.

III 3. g) Schwitzhütten

In der Schwitzhütte sitzt man im Schwangerschafts-Bauch der Erdgöttin. Dadurch kann das Urvertrauen wiederhergestellt werden.

Es wird zwar nur gelegentlich auch das Bild einer weiß leuchtenden Nabelschnur von den Teilnehmern in die Erde hinein verwendet, aber die gesamte Schwitzhütten-Zeremonie zielt auf die Wiederherstellung dieser Nabelschnur des Menschen zur Erde ab.

Das oben in Abschnitt „III 3 d)" entworfene „Kundalini-Ritual" entspricht der Schwitzhütten-Zeremonie und ist sozusagen eine Kurzform von ihr.

III 3. h) Gruppen-Rituale

In manchen Ritualen wird aus einem Teil der Lebenskraft der Teilnehmer eine gemeinsame Imagination und somit eine gemeinsame Lebenskraft-Form (meist ein Symbol) aufgebaut. So etwas sollte natürlich bewußt und nach vorheriger Absprache geschehen, aber es gibt auch Gruppen, in denen dies zentral gelenkt wird und ohne Absprache geschieht.

Bei diesem im Grunde sehr schlichten Verfahren wird in der Mitte der im Kreis stehenden Teilnehmer das Symbol imaginiert, das die Absichten und Ziele der Teilnehmer verkörpert. Dieses Symbol kann sich dort auch in materieller Form befinden – dies kann auch die Statue einer Gottheit sein.

Bei der bewußten, intensiven, rituellen Koordination der Lebenskraft senden die Teilnehmer alle gleichzeitig von ihrem Sonnengeflecht aus einen Licht-Strahl, d.h. eine Lebenskraft-Schnur zu diesem Symbol und laden es dadurch auf – und verbinden sich mit ihm.

Meist wird dieses Verfahren durch die Worte des Ritual-Leiters koordiniert, der dies in einer mehr oder weniger dramatischen und sich steigernden Weise durchführt.

Einerseits ist solch ein aufgeladenes Symbol natürlich sehr wirksam, aber andererseits kann natürlich ein talentierter Magier die in diesem Symbol gebündelte Lebenskraft auch für die eigenen Zwecke mißbrauchen.

Auch die Reden von Demagogen, ebenso die öffentlichen, politischen „Rituale" von Despoten, die Worte und Gesten von Hypnotisieuern u.ä. benutzen vergleichbare Methoden der Koordination bzw. „Gleichschaltung" – wenn auch meist nicht so bewußt wie sie z.B. von den Mitgliedern eines Magier-Ordens verwendet werden. So gut wie alle Tempel- und Kirchen-Rituale, die von einer Gemeinschaft durchgeführt werden, enthalten Elemente, durch die die Gemeinschaft zu einer Einheit koordiniert wird. Dazu zählen die gleichen Absichten, der Versammlungsort, der Gesang, Wechselgesänge, gemeinsame Gebete, traditionelle Fragen und Antworten, die Ausrichtung von allen auf die Tätigkeit des Priesters usw.

Man kann ein solches aufgeladenes Symbol auch auf andere Weisen herstellen, die nicht die Imagination von Silberschnüren verwendet. Das einfachste Verfahren besteht darin, bei jeder Versammlung einen Stuhl für dieses Wesen bzw. dieses Symbol bereitzustellen und ihn als ein normales Wesen in die Gespräche, Rituale usw. einzubeziehen. Hierbei werden zwar keine Silberschnüre imaginiert, aber sie entstehen von selber durch jede Einbeziehung dieses körperlosen Wesens in die Gespräche und Handlungen der Gemeinschaft.

Solche Wesen („Geister"), die von einer Gruppe von Menschen erschaffen werden, werden oft „Egregor" genannt.

III 3. i) Lebenskraft-Vampire

Silberschnüre können auch dafür benutzt werden, um einem anderen Menschen Lebenskraft abzunehmen. Das muß nicht unbedingt bewußt geschehen – eine ausreichend dominante Haltung reicht vollkommen aus, um ein Lebenskraft-Vampir zu werden. Die Imagination einer solchen Silberschnur von dem Sonnengeflecht des anderen zu dem eigenen Sonnengeflecht, durch die man dem anderen die Lebenskraft absaugt, kann natürlich die Effektivität dieses Vampirismus fördern.

Dieser Lebenskraft-Vampirismus hat natürlich auch für den Vampir seine Tücken, da die Lebenskraft stets durch den, dem man sie absaugt, geprägt ist. Daher saugt der Lebenskraft-Vampir mit der Lebenskraft auch die Eigenschaften dessen auf, von dem er die Lebenskraft abzieht.

So habe ich früher in meinen Zauberlehrlings-Jahren unbewußt meinem Zauberlehrer Axel, wenn der Abend später wurde, Lebenskraft abgezogen, woraufhin ich immer munterer und er immer müder wurde. Was da eigentlich geschah, ist mir erst klar geworden, als ich auf einmal ein heftiges Verlangen nach Bier bekam, ob wohl ich keinen Alkohol mag – aber Axel hat bei unseren Treffen stets ein paar Flaschen Bier getrunken.

Daraufhin habe ich dann mal genauer geschaut, was da vor sich geht und habe schnell erkannt, daß ich ihm Lebenskraft abgezogen habe, und auch, durch welche innere Haltung ich das getan habe.

III 3. j) Kampfmagie

Die Kampfmagie ist ein vielfältiges Feld. Eine der Möglichkeiten, einen Gegner auf magische Weise zu schwächen, besteht darin, daß man imaginativ dessen innere Silberschnüre, also die Akupunkturlinien sowie die Sushumna, Ida und Pingala, durchschneidet.

Auch der Karate-Kampfschrei „Kiai" hat die Aufgabe, das Lebenskraft-System des anderen zu erschüttern und den Lebenskraft-Fluß in den Silberschnüren in dem Leib des anderen zu stören.

Wenn man fest im eigenen Hara ruht, wird es für den Angreifer natürlich sehr schwer, eine der Silberschnüre des Angegriffenen zu durchtrennen. Daher ist es bei so gut wie allen Kampftechniken wichtig, ein stabiles Hara zu haben. Bei den japanischen Sumo-Ringern kommt es vor, daß einer der Kämpfer aufgibt, bevor der eigentliche Kampf überhaupt begonnen hat – ganz einfach, weil er spüren kann, daß der andere das stärkere Hara hat.

Das Hara hat die Aufgabe, die eigenen Silberschnüre zu stabilisieren, zu schützen und zu verteidigen. Die effektivste Verteidigung besteht darin, unbeirrt das zu tun, was man tun will.[1]

Der Angriff auf die Silberschnüre des anderen geht meist vom Dritten Auge (Imagination) oder von den Händen (passende Gesten) aus.

III 3. k) Bewußtseinsübertragungen

Es gibt die Möglichkeit, mit dem eigenen Bewußtsein in einen anderen Menschen oder Gegenstand zu wechseln, um sich den Zustand oder den Aufenthaltsort dieses Menschen oder Gegenstandes anzusehen.

Die Imagination, mit seinem eigenen Bewußtsein den eigenen Körper zu verlassen und in den anderen Menschen bzw. in den (verlorenen) Gegenstand hinüberzuwechseln, wird einfacher, wenn man das nicht einfach „waagerecht" von hier nach da macht, sondern entlang der eigenen Erd-Verbindung in die Erde geht und von dort aus denn wieder in den anderen Menschen bzw. in den Gegenstand aufsteigt.

Die Erleichterung bei dieser zweiten Methode liegt wahrscheinlich darin begründet, daß man nicht erst eine Silberschnur von dem eigenen Sonnengeflecht zu dem des anderen (bewußt oder unbewußt) aufbauen muß, sondern die beiden Silberschnüre

---

1   Eine ausführliche Schilderung der magischen Wirkung dieser Unbeirrbarkeit findet sich in meinem Buch „Auto-Movement für Anfänger".

von sich selber und von dem anderen in die Erde hinein benutzt.

Aber es ist natürlich durchaus auch möglich, mit dem eigenen Bewußtsein einfach waagerecht in den Körper des anderen „hinüberzuspringen".

III 3. l)   Die erweiterte Herz-Meditation

Aus den beiden wichtigsten Silberschnüre, die von dem eigenen Körper in die Welt hinaus reichen, läßt sich eine wirksame Meditation ableiten.

Diese beiden Silberschnüre finden sich in vielen Traditionen als die „Verbindung nach oben" und die „Verbindung nach unten". Dies sind in der Schwitzhütte Groß- mutter Erde und Großvater Sonne, im Yoga die aufsteigende Kundalini und das herabfließende Bindhu, in der Kabbala die Schlange der Weisheit und der Blitzstrahl der Schöpfung usw.

Die sich daraus ergebende Meditation sieht wie folgt aus:

1. Man konzentriert sich auf das eigene Herzchakra und stellt sich vor, daß die eigene Seele in ihm wie eine Sonne strahlt und nach und nach mit ihrem Leuchten den ganzen eigenen Körper einhüllt.

2. Man imaginiert den unteren Teil der Sushumna, die als Strahl vom Herz- chakra durch das Sonnengeflecht, das Hara und das Wurzelchakra bis in die Mitte der Erde zu deren Eisen/Nickel-Kern, also zu dem „Herz der Erde" hinabreicht.

3. Nun steigt Lebenskraft von der Erdmitte zum eigenen Herzchakra auf. Diese Lebenskraft ist feurig und nährend.

4. Man imaginiert den oberen Teil der Sushumna, die als Strahl vom Herz- chakra durch das Halschakra, das Dritte Auge und das Scheitelchakra bis in die Mitte der Sonne, in der die Kernfusion stattfindet, also zu dem „Herz der Sonne" hinaufreicht.

5. Nun fließt Lebenskraft von der Sonnenmitte zum eigenen Herzchakra herab. Diese Lebenskraft ist licht und integrierend.

6. Nun verweilt man in der Wahrnehmung und in dem Genuß dieser beiden Verbindungen – dabei beginnt man oft unwillkürlich zu lächeln.

7. Anschließend an diese Imaginationen, an diese beiden Rückverbindungen mithilfe der beiden Silberschnüre zur Erde und zur Sonne kann man eine Mantra-Meditation machen. Das Mantra dafür kann der Name der eigenen Seele, der Name einer Gottheit, mit der man sich besonders eng verbunden fühlt, oder einfach das Wort „Feuer" sein.

Diese Meditation ist wie folgt aufgebaut:

- einatmen: innerlich einmal das Mantra sprechen und dabei imaginieren, Lebenskraft aus der Luft einzuatmen und ins Herzchakra zu lenken

- ausatmen: innerlich einmal das Mantra sprechen und dabei imaginieren, die Lebenskraft im Herzchakra aufleuchten zu lassen

III 3. m)   Sushumna, Ida und Pingala in der Magie

In der Magie wird wie in der Homöopathie zum einen ausreichend Lebenskraft gebraucht und zum anderen auch die richtige Prägung dieser Lebenskraft. Diese beiden Dinge kann man durch die verschiedensten Methoden erreichen.

Man kann dafür u.a. auch eine Verbindung zur Erde herstellen (siehe den vorigen Abschnitt) und dann die Lebenskraft der Erde in sich aufsteigen lassen. Zunächst einmal steigt diese Lebenskraft in Ida und Pingala auf, also in den beiden senkrechten Seitenkanälen neben der Sushumna, die sich wie zwei Schlangen von Chakra zu Chakra emporwinden. Dann zieht man die Lebenskraft aus Ida und Pingala durch die eigene Imagination in die Sushumna in der Mitte und verbindet sie dort mit dem Bild dessen, was man durch die Magie erreichen will.

Im Yoga entstehen die Siddhis, d.h. die magischen Fähigkeiten der Yogis, zu einem großen Teil dadurch, daß der Yogi bzw. die Yogini die Lebenskraft aus Ida und Pingala in die Sushumna lenkt. Eine einfache Methode, diesen Lebenskraftfluß zu fördern, besteht in der Imagination, daß sich der heile innere Mann und die heile innere Frau miteinander vereinen – dies ist auch eine der wichtigsten Grundlagen des Tantra-Yogas.

Das genaue Vorgehen bei dieser Verwendung der Silberschnur zur Erde in der Magie muß noch näher erforscht werden – vermutlich gibt es dabei einige Dinge, deren Berücksichtigung diese Methode noch effektiver werden lassen.

III 3. m)   Silberschnüre in der Schwarzen Magie

Eine beliebte Methode, um einen anderen Menschen abhängig oder gefügig zu machen, besteht darin, daß man eine Lichtschnur imaginiert, dessen eines Ende man in der Hand hält und dessen anderes Ende man immaginativ als Schlinge um den Hals des Opfers legt. Diese Lichtschnur-Schlinge kann der Magier dann nach Belieben zuziehen oder lockern. Diese Methode wird manchmal in ähnlicher Weise auch in Liebeszaubern verwendet.

Die Gegenwehr gegen eine solche Methode besteht darin, die Schlinge zu durchtrennen und das Schlingen-Ende der Schnur nach unten zu Mutter Erde zu bringen und es ihr anzuvertrauen.

III 3. o)   Verwandlungen

Wenn man ein krankes inneres Bild hat, z.B. das Selbstbild, im eigenen Leben immer wieder das Opfer zu sein, kann man die Heilung dieses Selbstbildes durch ein Ritual fördern, das an die Alchemie angelehnt ist und in dem die beiden Silberschnüre nach unten und nach oben eine wichtige Rolle spielen.

1. Das kranke Bild wird identifiziert und möglichst klar beschrieben.

2. Dann wird der Gegenpol dazu gesucht. Die drei Grundformen der Polarität sind:

   a) Thema: Fülle
      Störung: Mangel
      Polarisierung: der „laute" Süchtige und der „leise" Asket

   b) Thema: Kraft
      Störung: Macht
      Polarisierung: der „laute" Täter und das „leise" Opfer

   c) Thema: Selbstliebe
      Störung: Selbstzweifel
      Polarisierung: der „laute" Star und der „leise" Fan

3. Man imaginiert vor sich einen Würfel mit einer leichten Mulde auf seiner Oberfläche. Auf ihm steht ein großes gläsernes Ei. Das ist der Athanor, der

alchemistische Ofen.

4. Man öffnet das Glas-Ei und legt die beiden polaren Bilder (z.B. Täter und Opfer) in dieses Ei und verschließt es dann wieder.

5. Man ruft von unten entlang der Silberschnur von dem Herzen der Erde zu dem Glas-Ei das Erdfeuer herauf.
   Dadurch beginnen sich die beiden polaren Bilder in dem Glas-Ei zu bewegen, miteinander zu kämpfen und sich gegenseitig zu zerstören bis schließlich nur noch eine schwarze kompostartige Masse übrigbleibt, die von den Alchemisten „Rabenkopf" genannt worden ist.

6. Nun ruft man von oben entlang der Silberschnur von dem Herzen der Sonne zu dem Glas-Ei das Himmelslicht herab.
   Dieses Licht erinnert die schwarze, kompostartige Masse in dem Glas-Ei an ihre ursprüngliche Gestalt, wodurch sich diese schwarze Masse nach und nach in diese heile Gestalt verwandelt (z.B. wird aus Täter und Opfer dann ein selbstbewußter und gelassener Krieger bzw. eine solche Amazone).

7. Schließlich öffnet man das Glas-Ei und nimmt die heile Gestalt heraus und nimmt sie in sich auf.

III 3. p) Das Auge des Tigers

Zum Schluß noch ein Beispiel für eine Silberschnur vom eigenen Körper nach außen, die so gut wie jeder schon einmal erlebt hat, auch wenn er sie nicht unbedingt als Silberschnur wahrgenommen haben wird: Wenn man von hinten angestarrt wird, spürt man ein Unwohlsein und eine Unruhe, aufgrund derer man sich umblickt und nach demjenigen sucht, von dem man angestarrt wird.

Dies ist eine Form der unbewußten Telepathie, die noch aus der Altsteinzeit stammt, in der es überlebensnotwendig gewesen ist, daß man den Blick des hungrigen Tigers spüren konnte, der sich von hinten her anschleicht.

Der hungrige Blick des Tigers erschafft eine Silberschnur von dem Tiger zu dem Menschen. Der Tiger hat sozusagen einen „bösen Blick".

III 4.   Silberschnüre im Außen

Da Silberschnüre Lebenskraft-Verbindungen sind und alle Dinge auch eine Lebenskraft-Seite haben, gibt es Silberschnüre auch außerhalb des Menschen.

III 4. a)   Schutzkreis

Eine sehr spezielle Form der Silberschnur ist der magische Schutzkreis. Er ist heutzutage vor allem in der Form des „Kleinen Pentagramm Rituals" bekannt. Das bei diesem Schutzritual verwendete Bild besteht aus einem Kreis auf dem Boden, einem Kreuz in der Mitte, je einem Pentagramm in den vier Himmelsrichtungen und einem Hexagramm oben über dem Kreis.

Dieser Kreis ist eine „gebogene Schnur aus Lebenskraft". Sie ist insofern eine Verbindung als daß sie eine Schnur, also eine ununterbrochene gebogene Linie ist. Allerdings ist sie vor allem eine Trennung, da sie Innen und Außen trennt und das Innen vor dem Außen schützt.

Der Schutzkreis besteht zwar aus Lebenskraft und ist eine ununterbrochene Linie, aber er ist keine Silberschnur im engeren Sinne, da er nicht die Verbindung zwischen Körper und Bewußtsein oder zwischen zwei Bewußtseinen darstellt, sondern eben eine Grenze. Wenn man eine Silberschnur jedoch allgemeiner als „Lebenskraft-Linie" definiert, zählt auch der Schutzkreis zu den Silberschnüren.

III 4. b)   Mandalas

Mandalas sind komplexe Symbole, die aus konzentrischen Kreisen und meistens zwei Linien, die sich im Zentrum kreuzen, bestehen. Auch das Pentagramm-Ritual ist solch ein Mandala: Es hat nur einen Kreis und die vier Enden der beiden sich kreuzenden Linien werden durch die vier Pentagramme symbolisiert; die Mitte wird durch das Kreuz gekennzeichnet.

In einem Mandala gibt es jedoch auch Silberschnüre im Sinne der enger gefaßten Definition: Dies sind die vier Wege (Linien), die von den vier Richtungen zur Mitte führen. Diese vier Wege erfüllen die dreiteilige Definition: Sie bestehen aus Lebenskraft, sie sind ununterbrochen und sie verbinden zwei Dinge (das Außen und das Zentrum).

Diese vier Wege im Mandala, die vom Rand (außen, Materie, Mensch) zur Mitte (innen, Bewußtsein, Gottheit) führen, sind sowohl in der Meditation als auch in der Magie und in Ritualen von ausgesprochen großer Bedeutung, da die Bewegung auf ihnen zur Mitte hin die Veränderung des Bewußtseins, neue Erkenntnisse, die innere Heilung u.ä. darstellt.

Diese Wege im Mandala entsprechen dem Jenseitsweg der Schamanen und der Seher, durch die diese den Kontakt zu den Göttern herstellen – also die „re-ligio", die „Rück-Verbindung".

Der Segen der Priester ist eine vereinfachte Form dieser Reise zu den Göttern auf dem Jenseitsweg, da die Priester nicht selber ins Jenseits zu den Göttern reisen, sondern die Götter bitten, ihnen ihren Segen zu senden.

III 4. c)   Die Pfade auf dem Lebensbaum

Der kabbalistische Lebensbaum besteht aus 11 Sephiroth (Bereiche, Kreise, Kugeln), die Zustände und „innere Orte" darstellen, sowie aus 22 Pfaden, die diese Sephiroth miteinander verbinden und auf denen man von einem Zustand zu einem anderen gelangen kann. Diese Pfade sind folglich ein differenziert und detailliert dargestellter Jenseitsweg.

Die 11 Sephiroth sind auf drei Säulen angeordnet: in der Mitte fünf Sephiroth und links und rechts jeweils drei Sephiroth. Die drei Pfade auf der mittleren der drei Säulen entspricht der Sushumna im Yoga – auch diese „Mittlere Säule" ist eine der vielen verschiedenen Formen der „re-ligio", also des Bandes zwischen einer Gottheit und einem Menschen. Von ihr ist die bereits beschriebene „Übung der Mittleren Säule" abgeleitet worden.

Jeder der 22 Pfade auf dem Lebensbaum verbindet zwei Bereiche (Sephiroth), weshalb man auch diese Pfade als 22 Silberschnüre auffassen kann.

Ähnliche Systeme aus „Orten" sowie „Pfaden" zwischen diesen „Orten" sind der „Rosenweg" der islamischen Mystiker („Sufis") sowie der „Lamrim" („Stufenweg") der tibetischen Buddhisten. Das indische Yoga-System enthält zwar auch Folgen von Übungen, aber sie sind nicht so fest in einer Reihenfolge oder Graphik angeordnet, daß man bei ihnen von einem „Weg" und von mehreren aufeinander folgenden „Pfaden" sprechen könnte.

III 4. d) Weihungen

Der zentrale Teil bei einer Weihung besteht darin, daß durch die Anrufung einer Gottheit und/oder durch die eigene Imagination eine Silberschnur von dieser Gottheit zu dem zu weihenden Gegenstand hergestellt wird.

Bei einer Segnung verbindet sich der Priester, Heiler oder Magier zunächst mit der Gottheit und sendet die Lebenskraft der Gottheit durch sich hindurch zu dem Menschen, den er segnet.

Der Unterschied zwischen den beiden Methoden ist also nicht sehr groß: In beiden Fällen wird eine Silberschnur von einer Gottheit zu einem Menschen oder einem Gegenstand hergestellt.

Es gibt auch Weihungen, bei denen man die eigene Lebenskraft verwendet. Dadurch wird das Geweihte zu einem „externen Teil" des eigenen Lebenskraftkörpers – was zwar effektiv, aber im Allgemeinen nicht sehr ratsam ist. Dieses Vorgehen findet sich vor allem bei der Herstellung eines „spiritus familiaris", also eines künstlich erschaffenen Geistes.[2]

III 4. e) Die Kleine Kundalini und die Große Kundalini

Die „Kleine Kundalini" ist die in der eigenen Sushumna aufsteigende Lebenskraft; die „Große Kundalini" ist die in allen Lebewesen aufsteigende Lebenskraft. Man könnte daher auch von der „Individuellen Kundalini" und von der „Kollektiven Kundalini" sprechen.

Es ist hilfreich, sich zu vergegenwärtigen, daß solch eine Lebenskraft-Schnur wie die, die von der Erde zu dem eigenen Wurzelchakra führt, auch von der Erde zu jedem anderen Wesen führt. Dies macht den Charakter der Kundalini wesentlich deutlicher.

III 4. f) Das Kollektive Unterbewußtsein

In etlichen verschiedenen Meditationen und Ritualen wird die „Nabelschnur" des Menschen zur Erde verwendet. Von ihnen ist die Kundalini sicherlich die bekannteste Meditation und die Schwitzhütten-Zeremonie das bekanntes Ritual.

---

2 Eine ausführliche Beschreibung dieses Themas findet sich in meinem Buch „Magische Gegenstände für Anfänger".

Solche „Nabelschnüre" zu „Mutter Erde" existieren recht sicher bei allen Lebewesen und möglicherweise auch bei Bergen, Seen, Wolken u.ä. Zumindestens sollte das der Fall sein, wenn die Annahme stimmt, daß die Materie die Außenseite und das Bewußtsein die Innenseite derselben Sache ist – daß die Welt also insgesamt eine Materie-Außenseite und eine Bewußtseins-Innenseite hat.

Die Lebenskraft-Ausstrahlung der Erde, also die aus der Erde herauf ausgesandten Lebenskraft-Schnüre, sollten also nicht nur zu den Menschen, sondern zu allen Dingen führen.

Es stellt sich natürlich die Frage, wie diese Lebenskraft-Ausstrahlung der Erde eigentlich entsteht. Die Erde hat einen glühenden Eisen/Nickel-Kern und darum herum eine dicke Schicht zähflüssiger Lava und ganz außen die feste Erdkruste. Die heiße Lava steigt in der Erde empor, da sie leichter ist als die abgekühlte Lava. Diese heiße Lava gelangt schließlich in Vulkanen und an den mehrere Tausend Kilometer langen Rissen in der Erdkruste wie z.B. dem Mittelatlantischen Rücken an die Oberfläche. An diesen Rissen entsteht durch die aufsteigende Lava ein großer seitlicher Druck, der die Kontinentaldrift entstehen läßt. Die Lebenskraft-Ausstrahlung der Erde wäre also die Lebenskraft-Entsprechung zu dieser aufsteigenden Lava.

Da alles eine Materie-Außenseite und eine Bewußtseins-Innenseite hat und da die Lebenskraft der Übergang zwischen Materie und Bewußtsein ist, sollte es auch eine der aufsteigenden Lava entsprechende Lebenskraft-Bewegung in der Erde geben.

Möglicherweise wird auch aufgrund dieses Zusammenhanges die aufsteigende Kundalini, also die Erd-Lebenskraft, die in den eigenen Körper emporstrahlt, als Feuer (Analogie zur heißen Lava) erlebt.

Aus diesen Betrachtungen ergibt sich, daß alle Lebewesen durch eine Silberschnur mit der Erde verbunden sind.

Die Lebenskraft ist auch der Bereich des Unterbewußtseins – man muß schließlich mithilfe von Meditationen, Traumreisen, Ritualen u.ä. das Wachbewußtsein mit dem Unterbewußtsein koppeln, um die Lebenskraft wahrnehmen zu können. Wenn nun die Unterbewußtseine der einzelnen Menschen durch die Silberschnüre an die Erde gekoppelt sind, sollte man davon ausgehen können, daß sich das kollektive Unterbewußtsein der Menschen in der Erde befindet – eben dort, wohin die Silberschnüre der Menschen führen.

Wie bereits in einem früheren Kapitel beschrieben, ist dieses kollektive Unterbewußtsein vermutlich nicht einfach ein großer Topf, in dem alles ungeordnet umherschwimmt, was es auf der Erde gibt. Es ist eher anzunehmen, daß z.B. Familienmitglieder recht eng miteinander verknüpft sind; Sippen-Mitglieder etwas loser miteinander verbunden sind; darauf folgen dann Sprach- und Kulturgruppen; dann die Menschheit; dann die Gemeinschaft aller Lebewesen auf der Erde usw. Das kollektive Unterbewußtsein wird recht wahrscheinlich einen organischen Aufbau haben, der durch die verschieden starken Bindungen zwischen den einzelnen Menschen und den

Lebewesen strukturiert wird.

Die Organisations-Einheiten in dem kollektiven Unterbewußtsein sind dann z.B. die Familie, deren innere Struktur vor allem in Familienaufstellungen sehr deutlich werden kann. Die Organisations-Einheiten eines Volkes sind früher die Götter und Mythen gewesen – heute sind es andere Urbilder. Die Organisations-Einheit der gesamten Erde würde man heute vermutlich nach der griechischen Ur- und Erdgöttin „Gaia" nennen.

Diese Organisations-Einheiten werden durch die Silberschnüre zwischen den einzelnen Lebewesen gebildet. Die Gliederung des kollektiven Unterbewußtseins wird durch die Stärke dieser Silberschnüre geprägt – man hat zu seiner Mutter eine stärkere Bindung und somit eine stärkere Lebenskraft-Schnur als zu einem Menschen auf einem anderen Kontinent, den man persönlich überhaupt nicht kennt.

Aus diesen Betrachtungen ergibt sich, daß das Erwecken der Kundalini auch bedeutet, daß man sich dabei bewußt mit dem kollektiven Unterbewußtsein verbindet. Da mit der erwachten Kundalini eine deutlich wirksamere Magie verbunden ist, ist anzunehmen, daß diese größere magische Wirkung von dem kollektiven Unterbewußtsein ausgeht, an das man sein persönliches Unterbewußtsein angekoppelt hat.

Diese Beobachtung entspricht dem Umstand, daß die Urbilder in dem kollektiven Unterbewußtsein die Götter sind – und die „große Magie" von den Göttern ausgeht.

III 4. g) Die Sonne

Da die Sonne sehr viel heißer ist als die Erde, ist die Materie, aus der sie besteht, sehr viel dünnflüssiger als die Materie der Erde. Das bedeutet, daß die Materie in der Sonne auch sehr viel schneller fließt. Durch den hohen Druck im Zentrum der Sonne (der durch die große Gravitation in ihr entsteht) werden dort Wasserstoff-Atome zu Helium-Atomen verschmolzen, wobei sehr viel Energie frei wird, die die Materie in der Mitte der Sonne erhitzt. Diese heiße und daher auch leichtere Materie steigt daraufhin nach oben an die Oberfläche der Sonne. Die Sonne ist somit wie ein riesiger Kochtopf voller kochendem Wasser.

Die Sonne strahlt einen großen Teil ihrer Energie in der Form von Licht und Hitze nach außen hin ab. Dieses „warme Sonnenlicht" erreicht dann u.a. auch die Erde, erwärmt sie, läßt den Tag entstehen und ermöglicht die Photosynthese der Pflanzen.

Die Lebenskraft-Entsprechung zu diesem „warmen Sonnenlicht" ist das Licht, das von oben her in das Scheitelchakra fließt.

Der Mensch ist also nach unten hin durch eine Silberschnur mit der Erde verbunden und nach oben hin durch eine zweite Silberschnur mit der Sonne. Der Charakter und die Qualität dieser beiden Lebenskraft-Verbindungen ist sehr verschieden – wie man in Meditationen, Traumreisen und Ritualen deutlich erleben kann. Die Erd-Lebenskraft ist wie ein nährendes Feuer, die Sonnen-Lebenskraft ist wie ein integrierendes Licht. Aus diesen beiden Qualitäten kann man auch den Chakrakter der sieben Hauptchakren ableiten:

Scheitelchakra	= nur Licht	= 6/6 Licht
Drittes Auge	= Licht mit Ausrichtung	= 5/6 Licht + 1/6 Feuer
Halschakra	= Licht mit Tatkraft	= 4/6 Licht + 2/6 Kraft
Herzchakra	= Licht und Feuer im Gleichgewicht	= 3/3 Licht + 3/3 Feuer
Sonnengefelcht	= koordinierte Kraft	= 2/6 Licht + 4/6 Feuer
Hara	= Feuer mit Zentrum	= 1/6 Licht + 5/6 Feuer
Wurzelchakra	= nur Feuer	= 6/6 Feuer

Wenn nun alle Lebewesen auf der Erde eine Silberschnur in die Erde hinab haben und sich dadurch das kollektive Unterbewußtsein bildet, stellt sich natürlich die Frage, was durch die Silberschnüre zur Sonne hinauf entsteht.

Diese Frage ist noch weitestgehend unerforscht. Natürlich gibt es das weltweit verbreitete Gleichnis „Sonne = Gott" und auch der Zusammenhang zwischen Sonne und Herzchakra, das man auch „Sonnenchakra" nennen könnte, ist weithin bekannt, aber was das genau bedeutet, ist noch nicht erforscht. Daß Pflanzen eng mit der Sonne verbunden sind, ist aufgrund ihrer Photosynthese offensichtlich, und auch die Silberschnur der Menschen nach oben zur Sonne ist gut bekannt – aber was ist z.B. mit den Pilzen, die die meisten Zeit unter der Erdoberfläche leben und keinerlei Sonnenlicht benötigen?

Auch der Zusammenhang zwischen Erde und Sonne ist im Bereich der Lebenskraft und somit im Bereich der Magie noch nicht so gut erforscht, wie man sich das vielleicht wünschen könnte.

III 4. h) Leylines

Im menschlichen Körper und auch im Körper von Tieren fließt die Lebenskraft vorzugsweise in bestimmten Bahnen: in der Sushumna, in Ida und Pingala sowie in den Akupunkturmeridianen. Zudem gibt es Punkte, in denen besonders viel Lebenskraft bzw. besonders komplexe Lebenskraft-Strukturen zu finden sind: die Chakren, die Nebenchakren und die Akupunkturpunkte.

Auch die Erde scheint auf diese Weise organisiert zu sein: die Kraftorte und die Leylines. Sie werden beim Bau von Kirchen und Tempeln berücksichtigt und manchmal auch in der Magie (z.B. bei Ritualen in einem erloschenen Vulkan).

Eine recht gut bekannte Form der Berücksichtigung dieser Orte und Pfade ist das Wünschelruten-Gehen, mit dem man die Struktur der Lebenskraft der Erde erkennen kann. Auf der Grundlage dieser Erkenntnisse können dann Störungen beseitigt werden, d.h. Qualitäten in dieser Lebenskraft verändert werden, sodaß man sich an dem betreffenden Ort wohler fühlt.

III 4. i) Feng Shui

Im Feng Shui wird mit verschiedenen Methoden der Zustand und die Dynamik der Lebenskraft an einem Ort untersucht und anschließend durch die verschiedensten Maßnahmen verändert.

Dabei gibt es zum einen materielle Maßnahmen, die in etwa der Akupunktur beim Menschen entsprechen, und zum anderen auch Lebenskraft-Maßnahmen, die in etwa der Meditation beim Menschen entsprechen.

Auch beim Feng Shui wird zwischen der Qualität von Orten und der Dynamik von „Pfaden", also von Verbindungen dieses Ortes zu anderen Orten unterschieden. Weiterhin wird auch die Qualität dieser „Pfade" wird berücksichtigt: Welche Form der Lebenskraft fließt in ihnen, d.h. wie ist sie geprägt? Und wie fließt sie – gerade-hart oder geschwungen-organisch?[3]

III 4. j) Synchrone Silberschnüre in Gruppenrituale

In vielen Gruppenritualen werden die Imaginationen der Teilnehmer durch gemeinsame Worte, Gesänge, Gesten, Handlungen usw. koordiniert. Das führt dazu, daß sich auch ihre Silberschnüre synchron verhalten.

Das kann z.B. das gemeinsame Herstellen der Verbindung zu Christus in der Eucharistie oder zu Shiva in einem Chiva-Chant sein, eine allgemeine Ausrichtung auf die Silberschnur zur Sonne durch eine gemeinsame Sonnen-Anrufung, die Anknüpfung an den Mond durch das „drawing down the moon"-Ritual im Wicca, ein an eine afrikanische Gottheit gerichteter Trancetanz und ähnliches mehr.

---

3   Eine ausführliche Darstellung dieses recht komplexen Themas findet sich in meinem Buch „Feng-Shui für Anfänger".

III 4. k) Komplexe Strukturen in Gruppenritualen

In manchen Gruppenritualen werden geometrische Formen wie z.B. Kreise oder Dreiecke verwendet. Diese Formen werden meistens durch die Position der Teilnehmer in dem betreffenden Ritual markiert. Da es zwischen diesen Teilnehmern bestimmte inhaltliche Bezüge gibt (z.B. wenn vier Teilnehmer die vier Elemente anrufen), gibt es auch die entsprechenden Silberschnüre zwischen diesen Teilnehmern.

Wenn diese Teilnehmer zudem bestimmte Gottheiten invoziert haben, stellen diese Teilnehmer auch noch die Mythe dar, in der diese Gottheiten auftreten. Dadurch stehen die Silberschnüre zwischen den Teilnehmern auch zu der betreffenden Mythe in Resonanz und können dadurch eine recht große Kraft entfalten – wenn die Teilnehmer die entsprechenden Gottheiten auch effektiv invoziert, d.h. sich selber mit ihnen identifiziert haben.

Diese Methode des „mythologischen Silberschnur-Geflechts" ist vor allem durch den „Golden Dawn"-Orden ausgiebig bei seinen Einweihungs-Ritualen verwendet worden.

Ein einfaches Beispiel für ein solches Gruppenritual, das man zu fünft durchführen könnte, wäre die Anrufung der vier Erzengel aus dem Kleinen Pentagramm-Ritual. Dabei stehen vier Personen in den vier Himmelsrichtungen auf dem Kreis und invozieren jeweils einen der vier Erzengel, die für die vier Elemente Feuer, Wasser, Luft und Erde stehen. Der Ort in der Mitte des Kreises entspricht dann der Quintessenz, also dem Ursprung der vier Elemente.

Derjenige, der in der Mitte des Kreises steht, erhält dann den Segen der vier Erzengel, was es ihm erleichtern sollte, sich seiner eigenen Quintessenz, d.h. seiner eigenen Seele bewußt zu werden.

Die sechs wichtigsten Silberschnüre bei dieser Form der Durchführung des Kleinen Pentagramm-Rituals sind zum einen der Kreis, dann die vier Segnungen durch die Erzengel zur Mitte hin und schließlich die Verbindung der Person in der Mitte zu ihrer eigenen Seele, die durch dieses Ritual bewußter werden kann.

III 4. l) Silberschnüre in Romanen

In Magie-Romanen und in Fantasy-Romanen treten Silberschnüre erstaunlich selten auf.

Am bekanntesten sind sicherlich die „Lichtfäden", die bei dem „unbreakable vow" („unbrechbarer Schwur") in J. K. Rowlings Roman „Harry Potter und der Halbblutprinz" von Severus Snape und Narzissa Malfoy erzeugt werden.

Eine zweite Variante von Silberschnüren in den „Harry Potter"-Romanen sind der Lichtstrahl, der entsteht, wenn ein Patronus als Bote ausgesandt wird.

Schließlich könnte man in den „Harry Potter"-Romanen noch die Lichtstrahlen, die allgemein von den Zauberstäben bei manchen Zaubersprüchen ausgesandt werden, zu diesen Silberschnüren zählen.

Auch in den MCU-Filmen werden magische Wirkungen oft als Lichtstrahlen oder komplexe Gebilde aus Lichtstrahlen dargestellt. Dies trifft vor allem auf „Dr. Strange" und auf „Scarlet Witch" sowie teilweise noch auf „Vision" zu.

Die früheste Darstellung von Silberschnüren in Filmen sind vermutlich die Lichtstrahlen, die von dem Zauberstab des Zauberers Gandalf im „Herrn der Ringe" ausgehen. Auch der Blick des Sauron, wenn er in die Ferne schaut und seinen Ring sucht, wird in den „Herr der Ringe"-Filmen als Lichtstrahl dargestellt.

III 5. Silberschnüre in Analogien

Es gibt noch eine weitere Form der „magischen Verbindung", von der man zumindestens vermuten kann, daß auch sie als Lebenskraft-Schnur wahrgenommen oder imaginiert werden könnte, auch wenn das bislang nicht auf diese Weise dargestellt worden zu sein scheint: die Analogie.

III 5. a) Magie

In der Magie werden in vielen Zusammenhängen Analogien verwendet. So wird z.B., um eine Prüfung zu bestehen, der Gott Hermes um Hilfe gebeten oder ein Merkur-Talisman angefertigt. Dabei wird zwar wie bei jeder Weihung eine Verbindung zwischen dem Gott Merkur und dem Merkur-Talisman imaginiert, aber nicht zwischen der Prüfung selber und dem Merkur, in dessen „Zuständigkeitsbereich" alle Tätigkeiten des Denkens und somit auch Prüfungen fallen. Der Analogie-Zusammenhang besteht schon und wird nicht erst noch hergestellt.

Anders sieht es z.B. bei einem Voodoo-Püppchen aus – hier wird der Zusammenhang zwischen dem Püppchen und der Person, die durch das Püppchen dargestellt wird, durch das Aussehen des Püppchens, durch das Einarbeiten von Haaren des betreffenden Menschen in das Püppchen und durch die Imagination der Gleichsetzung des Püppchens mit der Person erst noch hergestellt.

Es gibt in der Magie somit zum einen Lebenskraft-Verbindungen, die schon da sind und daher nicht mehr imaginiert werden müssen, und zum anderen Lebenskraft-Verbindungen, die erst noch hergestellt und imaginiert werden müssen, damit sie existieren und wirken können.

Man kann sich natürlich fragen, ob man z.B. die Verbindung zwischen dem Merkur und einer Prüfung tatsächlich als Silberschnur wahrnehmen könnte. Man könnte sich natürlich sowohl den Gott Merkur als die Prüfung bildhaft vorstellen und zwischen ihnen eine Silberschnur imaginieren, was jedoch allgemein als überflüssig angesehen wird – eben weil diese Verbindung schon existiert.

III 5. b) Astrologie

Die Fragestellung aus dem vorigen Abschnitt wird bei der Astrologie noch deutlicher. Die Existenz der Analogie zwischen dem Planetenstand zum Zeitpunkt der Geburt eines Menschen und seinem Charakter, der durch sein Horoskop beschrieben wird, kann jeder nachprüfen. Es existiert also ein Zusammenhang und dieser Zusammenhang ist eine Analogie. Hier käme niemand auf den Gedanken, daß man diese Verbindung erst noch herstellen müßte.

In der mittelalterlichen Astrologie und ganz vereinzelt auch noch in der heutigen Astrologie wird von einer kausalen Wirkung durch die Planeten ausgegangen: Die Lichtstrahlen oder die Lebenskraft-Strahlen der Planeten scheinen auf die Erde und vermischen und kombinieren sich dort und bewirken auf diese Weise die Prägung des Charakters eines Menschen durch den Stand der Planeten zum Zeitpunkt seiner Geburt.

Da es jedoch nichts gibt, was von den Planeten zu der Erde kommt und dort die Ereignisse lenkt und den Charakter der Neugeborenen prägt, ist diese kausale Sichtweise nur sehr schwer haltbar. Man könnte natürlich argumentieren, daß dem Licht der Planeten, das zur Erde gelangt, auch eine Lebenskraft-Verbindung der Planeten zu dem Neugeborenen entspricht, aber das ändert nichts daran, daß die vom Menschen erschaffenen Silberschnüre doch etwas anderes sein könnten, als die bereits existierenden Silberschnüre.

Solche bereits existierenden Silberschnüre wären neben den Analogien in der Magie und der Astrologie auch die Verbindung zwischen einer Mutter und ihrem Kind, die Verbindung zwischen dem physischen Körper eines Menschen und dem Astralkörper dieses Menschen, die Akupunktur-Meridiane usw.

Silberschnüre, die erst noch erschaffen werden müssen, sind z.B. die erwachte Kundalini, die Weihung einer Götterstatue, das Eingehen einer Beziehung u.ä.

Die Leylines kann man zu beiden Systemen rechnen: Sie sind bereits ohne den Menschen da, aber sie entstehen und entwickeln sich durch die Vorgänge in der Erde (Gebirgsbildung, Flußverläufe, Vegetation usw.).

Die Frage nach diesen zwei Arten von Silberschnüre (natürlich oder erschaffen) ist recht komplex und würde den Rahmen dieses Buches sprengen.[4]

---

4 Die grundlegende Beschreibung der natürlichen Silberschnüre als Ausdruck der Analogieordnung in der Welt findet sich in meinem Buch „Die Synthese von Physik und Magie".

III 5. c) Homöopathie

In der Homöopathie wird einem Menschen ein Mittel verabreicht, das möglichst genau zu den Symptomen des Kranken paßt. Die Eigenschaften des Mittels werden dadurch ergründet, daß Gesunde dieses Mittel einnehmen und alle daraufhin auftretenden Symptome notieren.

Die Symptome des Kranken werden durch den Homöopathen mit den Symptomen aller bekannten homöopathischen Mittel vergleichen. Das Mittel, das bei einem Gesunden die Symptome hervorruft, die den Symptomen des Kranken am ähnlichsten sind, ist das erfolgversprechendste Heilmittel.

Bei diesem Verfahren sucht der Homöopath nach einer möglichst exakten Analogie. Die Verbindung des Mittels zu dem Kranken wird dadurch hergestellt, daß der Kranke das ihm verschriebene Mittel einnimmt. Hier wird die Silberschnur zwischen Patient und Heilmittel durch das Einnehmen der homöopathischen Globuli (Kügelchen) erschaffen – natürlich ohne das diese Silberschnur imaginiert wird und in aller Regel auch ohne daß sie wahrgenommen wird.

Die Wirksamkeit der Globuli hängt davon ab, wie genau die Analogie zwischen der Krankheit und den Symptomen, die durch das Mittel bei einem gesunden Menschen hervorgerufen werden, ist. Hier besteht bereits eine Analogie zwischen Patient und Heilmittel, aber der Homöopath muß das Mittel noch finden und diese Analogie sozusagen durch das Verschreiben dieses Mittels „aktivieren".

III 6.   Silberschnüre in der Zeit

Schließlich gibt es noch eine Kategorie von „magisch wirksamen Lebenskraft-Verbindungen" also von Silberschnüren: die Verbindungen zwischen Vergangenheit und Gegenwart bzw. zwischen Gegenwart und Zukunft.

III 6. a)   Magie

Die markanteste Form der „zeitlichen Silberschnur" ist das Vorhersagen der Zukunft. Wenn dies nicht einfach unbeabsichtigt in Wahrträumen geschieht, sondern absichtlich geschieht, benutzen viele Menschen dabei eine ganz spezielle Silberschnur: die Imagination der Tage des Jahres, also eine „Kalender-Schnur".

Auf dieser in Tage, Wochen, Monate und Jahre eingeteilten Zeit-Schnur unternimmt man dann eine „Kalender-Traumreise" in die Zukunft zu dem Tag, der einen interessiert und schaut sich dort dann den betreffenden Ort bzw. die betreffende Person an. Man kann natürlich auch an dieser Zeitstrahl-Silberschnur entlang reisen bis man ein bestimmtes Ereignis findet, das man in der Zukunft vermutet, erhofft oder befürchtet – oder auch einfach schauen, was in einem bestimmten Monat alles geschieht.

Nun kann man sich natürlich fragen, ob solch eine „Kalender-Schnur" tatsächlich eine Silberschnur ist, also die Lebenskraft-Seite der Ereignisse und Abläufe in unserer Welt ist. Da man auf dieser „Kalender-Schnur" die Zukunft tatsächlich sehen kann, muß sie entweder wirklich ganz wörtlich die „Zeit-Schnur" selber sein oder zumindestens ein getreues Abbild dieser „Zeit-Schnur".

Da man zudem auf dieser „Zeit-Schnur" nicht physisch, sondern nur mit seinem Bewußtsein reist, ist diese Zeitschnur ein Element an der Grenze zwischen Bewußtsein und Materie: Es wird mit dem Bewußtsein wahrgenommen und es stellt die materielle Welt (in der Zukunft) dar. Als Element zwischen Bewußtsein und Materie gehört diese „Kalender-Schnur" folglich in den Bereich der Lebenskraft und ist somit eine Lebenskraft-Schnur, also eine „zeitliche Silberschnur".

III 6. b) Homöopathie

In der Homöopathie finden sich Silberschnüre, die die Gegenwart mit der Vergangenheit verbinden. Diese Silberschnüre werden jedoch in der Regel weder wahrgenommen noch imaginiert, sondern zeigen sich nur als Zusammenhang.

Diese Silberschnüre werden dadurch deutlich, daß die Wirkung vieler Globuli (homöopathische „Kügelchen") nicht den Inhaltsstoffen der Substanz, aus der sie hergestellt worden sind, entsprechen, sondern der Geschichte dieser Substanzen.

So hat z.B. Lycopodium (Bärlapp) die Wirkung, Menschen wieder Mut zu machen, die glauben, daß ihre Zeit schon vorbei ist und daß sie nichts mehr erleben werden und daß sie sich bereits im Filmabspann ihres Lebens befinden. Heute ist der Bärlapp ein kleines Kraut am Waldrand, vor 350 Millionen Jahren sind die Bärlapp-Gewächse jedoch die „Könige der Wälder" gewesen und waren die mit Abstand am weitesten verbreitete Baumart. Aus ihnen ist die Steinkohle, die Braunkohle, das Erdöl und das Erdgas entstanden – die heutigen Bärlapp-Pflanzen leben also auf den Massengräbern ihrer ruhmreichen Vorfahren. Es ist daher nicht verwunderlich, daß Lycopodium ein Mittel gegen „stille Depressionen" ist.

Da der heutige Bärlapp, aus dem man das homöopathische Mittel „Lycopodium" herstellt, so wirkt, als ob er sich an die Ereignisse vor 350 Millionen Jahren erinnern könnte, muß es eine Verbindung von dem heutigen Bärlapp zu seinen Bärlapp-Vorfahren im Karbon-Zeitalter geben. Diese Verbindung kann nichts Materielles sein, weshalb es sich dabei um eine „zeitlich Lebenskraft-Schnur" handeln muß.

Die Wirkung dieser „zeitlichen Lebenskraft-Schnur" ist das „Art-Gedächtnis" des Bärlapps. Man kann dieses „Art-Gedächtnis" auch als das kollektive Unterbewußtsein des Bärlapps auffassen – oder, wenn man will, als den Bärlapp-Elf oder als die „Bärlapp-Gottheit".

Die „Bärlapp-Gottheit" ist die Gesamtheit der Lebenskraftkörper aller Bärlapp-Pflanzen bzw. die vielfach verzweigte „zeitlich Bärlapp-Silberschnur", die die Lebenskraftkörper aller heutigen und früheren Bärlapp-Pflanzen miteinander verbindet.

Dasselbe wie für die Globuli, die aus pflanzlichen Mitteln hergestellt werden, gilt auch für die Globuli, die aus tierischen oder mineralischen Mitteln hergestellt werden. Während sich die Pflanzengeister, also das kollektive Unterbewußtsein einer Pflanzenart, in der Mythologie als Elfen wiederfindet, und auch die Tier-Muttergöttinnen noch einigermaßen gut bekannt sind („Große Weiße Wölfin", „Weiße Büffelfrau", „Weißer Elefant" u.ä.), gibt es für die Steingeister kein solches Bild, auch wenn dafür manchmal das Bild der Zwerge verwendet wird.

III 6. c) Reinkarnation

Menschen haben die Möglichkeit, sich die Zukunft anzuschauen. Was in der Zeit vorwärts funktioniert, sollte natürlich auch in der Zeit rückwärts funktionieren. Für diese Vermutung spricht, daß sich das Schauen in die Zukunft wie Erinnern anfühlt – nur daß diese „Erinnerung" in die entgegengesetzte Richtung ausgerichtet ist. Der Blick in die Zukunft ist also tatsächlich so etwas wie eine „Erinnerung an die Zukunft".

Mithilfe von Traumreisen läßt sich auch die Vergangenheit erforschen. Das Verfahren ist dabei genau dasselbe wie bei der Zukunftsschau: Man reist innerlich an einem Zeitstrahl zurück. Wenn es um ein äußeres Ereignis gebt, wird man am ehesten die „Kalender-Schnur" verwenden, wenn es um ein persönliches Ereignis geht, wird man hingegen eine „Biographie-Schnur" verwenden, auf der die eigenen Lebensjahre eingetragen sind.

Diese Methoden werden auch bei Rückführungen angewendet und ebenso bei Traumreisen in die Zeit vor der eigenen Geburt. Diese „Kalender-Schnüre" und diese „Biographie-Schnüre" sind nichts anderes als die „zeitliche Lebenskraft-Schnur" des Bärlapps.

Diese Biographie-Schnüre sind eine kleine Einheit innerhalb des kollektiven Unterbewußtsein des Menschen. Die alles umfassende Einheit des kollektiven Unterbewußtseins der Menschen kann symbolisch am ehesten durch die Muttergöttin ausgedrückt werden.

Das kollektive Unterbewußtsein ist also nicht nur die Gesamtheit aller Silberschnüre in der Gegenwart, sondern auch die Gesamtheit aller Silberschnüre in der Vergangenheit und deren Verbindungen zu den Silberschnüren der Gegenwart. Wie die Möglichkeit der Zukunftsschau zeigt, reicht dieses Geflecht aus Silberschnüren auch noch in die Zukunft hinein.

Die spektakulärste zeitliche Silberschnur ist sicherlich die Schnur, auf der die Perlen der eigenen Inkarnationen aufgefädelt sind. Man kann diese früheren Leben auf dieselbe Weise wie oben beschrieben erkennen – allerdings ist es in den meisten Fällen ausgesprochen schwierig herauszufinden, ob es sich wirklich um die Erinnerung an eine frühere Inkarnation handelt. Schließlich befindet sich jeder nur denkbare Beweis für die Richtigkeit der Vision der eigenen früheren Inkarnation irgendwo in der Gegenwart – folglich könnte man diesen Beweis auch telepathisch in der Gegenwart wahrgenommen haben und diese Wahrnehmung dann in die Reinkarnations-Vision eingebaut haben.

Zum Glück beweist die Betrachtung der homöopathischen Mittel, daß es „zeitliche Silberschnüre" weit in die Vergangenheit hinein gibt. Daher kann man auch in Bezug auf den Menschen von der Existenz solcher „zeitlicher Silberschnüre" ausgehen und sie der Deutung der Wahrnehmung aus früheren Leben zugrundelegen. Trotzdem sollte man bei der Deutung solcher Wahrnehmungen aus früheren Leben immer vorsichtig bleiben, weil man sehr leicht falsche Schlüsse ziehen kann.

So habe ich z.B. als fünfjähriges Kind innerlich immer wieder eine Hütte am Waldrand gesehen, in der ein Mann ganz alleine gewohnt hat. Als ich später dann etwas von früheren Leben gehört habe, habe ich vermutet, daß ich dieser Mann in einem früheren Leben gewesen bin. Als ich dann jedoch noch später für drei Jahre in ein „Hexenhaus" am Waldrand kurz außerhalb des Dorfes gezogen bin, habe ich irgendwann plötzlich erkannt, daß die Küche des Hexenhauses mit allen Details exakt so aussieht und sich auch genauso anfühlt wie das Bild, das ich als Fünfjähriger immer wieder gesehen habe. Meine Reinkarnations-Erinnerung ist also eine Zukunftsschau gewesen …

Solche Irrtümer können einem selbst dann noch geschehen, wenn man sich intensiv mit solchen Themen beschäftigt und stets auf sichere Schlußfolgerungen bedacht ist.

III 6. d)   Astrologie

Man kann heute schon das Horoskop eines Kindes ausrechnen und deuten, daß erst in 50 Jahren geboren wird – die Richtigkeit dieses Horoskopes kann man natürlich nur dann überprüfen, wenn dann auch tatsächlich ein Kind geboren wird.

Daß die Astrologie jedoch generell „zeitlos" ist, zeigt sich darin, daß die Deutungsmethode unabhängig von dem Datum, an dem man dies tut, festliegt – und somit liegen auch die Qualitäten der Tage in der Zukunft bereits genauso fest wie der Lauf der Palneten in unsrem Sonnensystem bereits festliegt. Auf dieser Grundlage kann man auch astrologische Vorhersagen der Zukunft durchführen.

Somit zeigt auch die Astrologie, daß es „zeitliche Silberschnüre" gibt – und das nicht nur als Sonderfall, sondern als die Regel.

Man kann Wahrträume, Reinkarnations-Erinnerungen, das kollektive Unterbewußtsein der Menschen, die Bärlapp-Gottheit usw. allesamt als Ausschnitte aus diesem Geflecht aus astrologischen „zeitlichen Silberschnüre" auffassen.

IV   Die Nutzung der Silberschnüre

Die generelle Nutzung der Silberschnüre läßt sich einfach beschreiben: Sie stellen eine Lebenskraft-Verbindung her. Diese Verbindungen treten jedoch in einer sehr großen Verschiedenartigkeit und Fülle auf.

Es gibt verschiedene Arten der Silberschnüre, die man nach dem, was sie verbinden, unterscheiden kann:

- zwischen dem Astralkörper und dem physischen Körper (die „klassische" Silberschnur)

- im Körper (Sushumna, Ida, Pingala, Akupunktur-Meridiane)

- vom Körper nach außen hin:

   - vom Wurzelchakra nach unten zur Erde (Kundalini)

   - vom Scheitelchakra nach oben zur Sonne

   - vom Sonnengeflecht waagerecht zu anderen Menschen und Dingen

   - von den Handchakren aus waagerecht bei Segnungen, Heilungen u.ä.

   - von den Fußchakren aus nach unten zur Erde

- im Außen (Leylines in der Erde, Strukturen in Gruppenritualen)

- Analogien (Astrologie, Homöopathie, Voodoo-Püppchen usw.)

- zeitlich (Magie, Reinkarnation, Homöopathie usw.)

Das Wesen der Silberschnüre läßt sich ebenfalls recht einfach beschreiben: Sie sind Lebenskraft-Verbindungen. Das Wesen der Lebenskraft läßt sich auf gleich zwei einfache Weisen definieren:

- Lebenskraft sind die Strukturen und Dynamiken an dem Übergang von Bewußtsein zu Materie.

- Lebenskraft erscheint in drei Formen – als Telepathie, als Telekinese und als Analogie. Somit ist die Lebenskraft die Grundlage der Magie, der Astrologie und ähnlicher Phänomene.

Die Selbstorganisation der Silberschnüre besteht darin, daß sie sich in immer komplexeren und umfassenderen Einheiten anordnet.

- Die umfassende Selbstorganisation der Silberschnüre zwischen den Menschen ist das kollektive Unterbewußtsein der Menschen.

- Die wichtigsten und größten Elemente im kollektiven Unterbewußtsein sind die Gottheiten.

- Die von Menschen bewußt erschaffenen oder gestalteten Silberschnüre machen den allerkleinsten Anteil aus.
Der vermutlich größte Anteil der Silberschnüre sind die ganzen Verbindungen in der „natürlichen Analogie-Ordnung", die in der Astrologie am einfachsten faßbar wird.
Der vermutlich mittelgroße Anteil an Silberschnüren in der Welt sind die Lebenskraft-Verbindungen die durch Ereignisse/Erlebnisse entstehen.

Es gibt drei Formen der Wahrnehmung von Silberschnüren:

- Einige wenige Silberschnüre sind den Menschen bewußt (Astralreise, Traumreisen, Aurareinigung, Magie usw.).

- Ein kleiner Teil der Silberschnüre wird halbbewußt gespürt (Wahrträume, angestarrt werden, Stimmungen in einem Raum u.ä.)

- Der allergrößte Teil der Silberschnüre bleibt jedoch unbewußt.

Die Erschaffung von Silberschnüren geschieht mithilfe von Imaginationen, Ritualen, Homöopathie usw.

- In den meisten Bereichen, in denen Silberschnüre erkannt werden (angestarrt werden, Homöopathie) oder wirken (das eigene Horoskop) oder genutzt werden (Homöopathie), bleiben unbewußt.

- Lediglich in der Magie werden Silberschnüre bewußt erschaffen, gestaltet, miteinander verbunden oder aufgelöst.

Aus dem Zusammenwirken all dieser Silberschnüre ergibt sich ein Weltbild, das auf der „Lebenskraft-Ebene" aus einem fast unüberschaubaren Geflecht aus Lebenskraft-Schnüren besteht.

English Books by Harry Eilenstein

- Living Magic (261 p.)
- The Synthesis of Physics and Magic (192 p.)
- Telepathy for Beginners (60 p.)
- Telepathy for Advanced Learners (52 p.)
- Telekinesis for Beginners (56 p.)
- Life Force for Beginners (76 p.)
- Kundalini for Beginners (104 p.)
- Astral Projection for Beginners (60 p.)
- Meditation for Beginners (60 p.)
- Prophecy for Beginners (60 p.)
- Ritual Magic for Beginners (64 p.)
- Magic Chant for Beginners (108 p.)
- Invocations for Beginners (52 p.)
- Evocations for Beginners (62 p.)
- Auto-Movement for Beginners (60 p.)
- Elves for Beginners (56 p.)
- Hypnosis for Beginners (56 p.)
- Love Magic for Beginners (52 p.)

- Money Magic for Beginners (60 p.)
- Magic Objects for Beginners (64 p.)
- Shamanism for Beginners (52 p.)
- Chakra-Magic for Beginners (148 p.)
- Language of the Moon – for Beginners (128 p.)
- Self Knowledge for Beginners (60 p.)
- Da'ath-Magic for Beginners (64 p.)
- Astrology for Beginners (112 p.)
- Number Symbolism for Beginners (64 p.)
- Mandalas for Beginners (76 p.)
- Crop Circles for Beginners (344 p.)
- Feng Shui for Beginners (96 p.)
- Magic Research for Beginners (140 p.)

- Magic for Beginners – Anthology I (636 p.)
- Magic for Beginners – Anthology II (616 p.)
- Magic for Beginners – Anthology III (684 p.)
- Magic for Beginners – Anthology IV (580 p.)

Bücher von Harry Eilenstein

Religion allgemein
- Die sieben Schritte des Lebens (428 S.)
- Muttergöttin und Schamanen (168 S.)
- Göbekli Tepe (472 S.)
- Die Göttin von Göbekli Tepe (144 S.)
- Totempfähle (440 S.)
- Der Urriese (168 S.)
- Die Biographie des Teufels (144 S.)
- Pan (336 S.)
- Christus (60 S.)
- Dakini (80 S.)
- Vajra (76 S.)

Ägypten
- Hathor und Re 1: Götter und Mythen im Alten Ägypten (432 S.)
- Hathor und Re 2: Die altägyptische Religion – Ursprünge, Kult und Magie (396 S.)
- Isis (508 S.)

Indogermanen
- Die Entwicklung der indogermanischen Religionen (700 S.)
- Wurzeln und Zweige der indogermanischen Religion (224 S.)

Germanen
- Die Götter der Germanen (87 Bände – siehe nächste Seite)
- Odin (300 S.)

Kelten
- Cernunnos (690 S.)
- Taliesin (228 S.)
- Der Kessel von Gundestrup (220 S.)
- Der Chiemsee-Kessel (76)

Psychologie
- Über die Freude (100 S.)
- Das Geheimnis des inneren Friedens (252 S.)
- Das Beziehungsmandala (52 S.)
- Gefühle und ihre Verwandlungen (404 S.)
- einsgerichtet (140 S.)
- Liebe und Eigenständigkeit (216 S.)
- Von innerer Fülle zu äußerem Gedeihen (52 S.)

Heilung
- Die Symbolik der Krankheiten (76 S.)

Kunst
- Herz des Tanzes – Tanz des Herzens (160 S.)

Drama
- König Athelstan (104 S.)

Bücher von Harry Eilenstein

„Magie für Anfänger"

- Telepathie für Anfänger (60 S.)
- Telepathie für Fortgeschrittene (52 S.)
- Telekinese für Anfänger (52 S.)
- Lebenskraft für Anfänger (60 S.)
- Meditation für Anfänger (56 S.)
- Kundalini für Anfänger (100 S.)
- Hypnose für Anfänger (56 S.)
- Auto-Movement für Anfänger (56 S.)
- Chakra-Magie für Anfänger (148 S.)
- Astralreisen für Anfänger (56 S.)
- Astrologie für Anfänger (120 S.)
- Silberschnüre für Anfänger (52 S.)
- Ritual-Magie für Anfänger (56 S.)
- Mandalas für Anfänger (68 S.)
- Geldzauber für Anfänger (56 S.)
- Liebeszauber für Anfänger (52 S.)
- Invokationen für Anfänger (52 S.)
- Evokationen für Anfänger (60 S.)
- Elfen für Anfänger (56 S.)
- Magie-Forschung für Anfänger (140 S.)
- Selbsterkenntnis für Anfänger (52 S.)
- Zahlensymbolik für Anfänger (60 S.)
- Die Sprache des Mondes – für Anfänger (116 S.)
- Zaubergesänge für Anfänger (100 S.)
- Zukunftschau für Anfänger (60 S.)
- Schamanismus für Anfänger (52 S.)
- Magische Gegenstände für Anfänger (68 S.)
- Da'ath-Magie für Anfänger (64 S.)
- Kornkreise für Anfänger (348 S.)
- Feng Shui für Anfänger (96 S.)
- Magie für Anfänger – Sammelband I (696 S.)
- Magie für Anfänger – Sammelband II (664 S.)
- Magie für Anfänger – Sammelband III (580 S.)

„Traumreisen"

- Traumreisen zu Heilpflanzen (700 S.)

Magie

- Handbuch für Zauberlehrlinge (408 S.)
- Tarot (104 S.)
- Physik und Magie (184 S.)
- Die Synthese von Physik und Magie (200S.)
- Die Magie-Formel (156 S.)
- Krafttiere – Tiergöttinnen – Tiertänze (112 S.)
- Schwitzhütten (524 S.)
- Mythen und Magie der Harfe (116 S.)
- Magie heute – Berichte aus der Praxis (288 S.)

Meditation

- Der Lebenskraftkörper (230 S.)
- Die Chakren (100 S.)
- Das Chakren-System mit den Nebenchakren (296 S.)
- Organe und Chakren (64 S.)
- Die platonischen Körper in den Chakren (156 S.)
- Meditation (140 S.)
- Drachenfeuer (124 S.)
- Kundalini I (676 S.)
- Reinkarnation (156 S.)
- einsgerichtet (140 S.)

Astrologie

- Astrologie (496 S.)
- Photo-Astrologie (428 S.)
- Die astrologischen Aspekte (88 S.)
- Horoskop und Seele (120 S.)

Kabbala

- Kursus der praktischen Kabbala (150 S.)
- Eltern der Erde (450 S.)
- Blüten des Lebensbaumes:
    - Die Struktur des kabbalistischen Lebensbaumes (370 S.)
    - Der kabbalistische Lebensbaum als Forschungshilfsmittel (580 S.)
    - Der kabbalistische Lebensbaum als spirituelle Landkarte (520 S.)

Die Themen der 87 Bände der Reihe „Die Götter der Germanen"

1.	Die Entwicklung der germanischen Religion	44.	Die Symbolik der Wassertiere und sonstigen Tiere
2.	Lexikon der germanischen Religion		
3.	Der ursprüngliche Göttervater Tyr	45.	Die Symbolik der Pflanzen
4.	Tyr in der Unterwelt: der Schmied Wieland	46.	Die Symbolik der Farben
5.	Tyr in der Unterwelt: der Riesenkönig Teil 1	47.	Die Symbolik der Zahlen
6.	Tyr in der Unterwelt: der Riesenkönig Teil 2	48.	Die Symbolik von Sonne, Mond und Sternen
7.	Tyr in der Unterwelt: der Zwergenkönig	49.a	Das Jenseits I – Das Hügelgrab
8.	Der Himmelswächter Heimdall	49.b	Das Jenseits II – Der Jenseitsweg
9.	Der Sommergott Baldur	50.	Seelenvogel, Utiseta und Einweihung
10.	Der Meeresgott: Ägir, Hler und Njörd	51.	Wiederzeugung und Wiedergeburt
11.	Der Eibengott Ullr	52.	Elemente der Kosmologie
12.	Die Zwillingsgötter Alcis	53.	Der Weltenbaum
13.	Der neue Göttervater Odin Teil 1	54.	Die Symbolik der Himmelsrichtungen und der Jahreszeiten
14.	Der neue Göttervater Odin Teil 2		
15.	Der Fruchtbarkeitsgott Freyr	55.a	Mythologische Motive I
16.	Der Chaos-Gott Loki	55.b	Mythologische Motive II
17.	Der Donnergott Thor	56.	Der Tempel
18.	Der Priestergott Hönir	57.	Die Einrichtung des Tempels
19.	Die Göttersöhne	58.	Priesterin – Seherin – Zauberin – Hexe
20.	Die unbekannteren Götter	59.	Priester – Seher – Zauberer
21.	Die Göttermutter Frigg	60.	Rituelle Kleidung und Schmuck
22.	Die Liebesgöttin: Freya und Menglöd	61.	Skalden und Skaldinnen
23.	Die Erdgöttinnen	62	Kriegerinnen und Ekstase-Krieger
24.	Die Korngöttin Sif	63.	Die Symbolik der Körperteile
25.	Die Apfel-Göttin Idun	64.a	Magie und Ritual I
26.	Die Hügelgrab-Jenseitsgöttin Hel	64.b	Magie und Ritual II
27.	Die Meeres-Jenseitsgöttin Ran	64.c	Magie und Ritual III
28.	Die unbekannteren Jenseitsgöttinnen	65.	Gestaltwandlungen
29.	Die unbekannteren Göttinnen	66.a	Magische Angriffs-Waffen
30.	Die Nornen	66.b	Magische Verteidigungs-Waffen
31.	Die Walküren	67.	Magische Werkzeuge und Gegenstände
32.	Die Zwerge	68.	Zaubersprüche
33.	Der Urriese Ymir	69.	Göttermet
34.	Die Riesen	70.	Zaubertränke
35.	Die Riesinnen	71.	Träume, Omen und Orakel
36.	Mythologische Wesen	72.	Runen
37.	Mythologische Priester und Priesterinnen	73.	Sozial-religiöse Rituale
38.	Sigurd/Siegfried	74.	Weisheiten und Sprichworte
39.	Helden und Göttersöhne	75.	Kenningar
40.	Die Symbolik der Vögel und Insekten	76.	Rätsel
41.	Die Symbolik der Schlangen, Drachen und Ungeheuer	77.	Die vollständige Edda des Snorri Sturluson
		78.	Frühe Skaldenlieder
42.a	Die Symbolik der Herdentiere I	79.a	Mythologische Sagas I
42.b	Die Symbolik der Herdentiere II	79.b	Mythologische Sagas II
43.	Die Symbolik der Raubtiere	80.	Hymnen an die germanischen Götter